プロローグ

関野吉晴

一九七〇年代は、ひたすらアマゾンばかりを歩いていた。密林の奥地に外部の社会と接触を持たない人々がいると聞けば、一週間でも十日間でもかけて歩いて行った。密林にインカの遺跡が眠っていると聞けば、土地の先住民と一緒に、数年がかりで探し歩いた。

一九八〇年代は、南米のアマゾン以外にも足を伸ばした。アンデスの山頂にインカ遺跡があると聞けば登っていった。アンデスにインカの伝統を残した村があると聞けば、喜々として訪ねていった。パタゴニアやギアナ高地に、未踏の峰や未知の山があると聞けば登山を試み、深い洞窟があると聞けばザイルをたらして潜ってみた。

雄大な自然、美しい自然、この世のものとは思えない、心ときめかす自然を眺め、そのなかに入っていった。次第に興味の対象は、その土地土地に生きている人間たちに変わっていった。むき出しの自然のなかで、自然と一体となって暮らす人々がいる。彼らの村に入りこみ、「泊めて下さい」「食べさせてください」「その代わりに自分ができることは何でもしますから」と頼み込んだ。実際は何もできなかった。それでもほとんどの村で、同じ屋根の下で寝て、同じものを食べて暮らすことを許してもらった。そしてできるだけ長く寝泊まりするという、定住型の旅が続いた。

一九九〇年代は、人類がどこでどのようにして生まれ、なぜ、どのように移動・拡散・適応していったのかを探る旅、〈グレートジャーニー〉を始めた。

二〇〇〇年代は、アフリカを出た人類がいつ、どのようなルートで、なぜ日本列島にやってきたのかを探る〈新グレートジャーニー〉に時間を費やした。

地球上に生命が誕生して四十億年、人類が誕生して七百万年、私たちの祖先であるホモサピエンスが誕生して二十万年になる。

こうした悠久の時間のなかで、ほとんどの期間は、地上の生物資源だけを利用して人類は生きてきた。アメリカ大陸やオセアニアに初めて人類が進出したとき、人類を知らず警戒心もなかった大型哺乳類を狩りすぎて絶滅に追い込んだことはあるが、それを除けば、気候変動や天変地異以外で人類が地球環境を破壊するようなことはなかった。

地球資源を使い果たし、環境を破壊し、状況を人類存続の危機にまで至らしめたのは、わずか二百五十年前に始まった産業革命以降の、それも一部の現代人の「暮らし」にほかならない。

文明社会では、私たちは疑いもなく「経済発展」に勤《いそ》しんで、物質的に豊かで効率のよい、快適な暮らしをつくり上げてきた。しかし同時に、森を破壊し、大地を疲弊させ、大気を汚し、川や湖や海を汚し、その結果として、いまではエネルギー資源、土地、人口、食糧などの大問題を抱えている。そして戦争はいまも絶えず、また経済的に富める国と貧しい国の格差は広がるばかりで、その格差は国内でも人々の間に確実に広がり始めた。

現在の文明は、古代文明のような限られた地域の文明ではなく、「世界文明」である。その文明が病を抱えていることは、もはや誰もが認めるだろう。その病は死をもたらす病でもある。着実に迫る世界文明の崩壊を回避するには、まずは私たちひとりひとりがこの現状を見すごさず、正しく受け止めなくてはならない。そのうえで、これからは何を求めて、どこを目指していけばいいのかを考えていかなければならないだろう。

その答えのヒントが、太古の人の暮らしと同様、いまも狩猟や遊牧、原始的な焼き畑などをして暮らす人々の姿にあると、私は考えている。彼らは、それぞれの過酷な自然のなかで、どのように暮らし、環境に適応し、今日まで生き残ってきたのか――。彼らと同じ生活をすることはできないにしても、そのなかには私たちが学ばなければならない知恵が数多く潜んでいると考えている。

狩猟民や遊牧民、原始的な焼畑をする人々に共通するのは、彼らが自然を利用しつつも破壊せず、自然の一部となって持続可能な暮らしを続けてきたことだ。自然をコントロールできると過信した私たちとは対照的な考え方や価値観を、彼らは持って生きている。私は、彼らが自然とどのようにつき合ってきたかを検証し、そこからヒントを得ることが、人類が生き残るひとつの道だと考えているのだ。

この対論集では、専門的かつ独自の見識をもたれる各分野の九人の賢人に、それぞれがこれまでの人類の歴史と現状をどう把握しているかを尋ね、病状の診断をしてもらい、処方箋を出してもらおうと考えた。処方箋を出すのは難しくても、私たち現代人が抱えるさまざまな問題の本質が見出され、人類のあるべき姿を考えるきっかけになればと期待して対談を行なってきた。

私自身も恥ずかしいくらい大上段に振りかざした第一投の質問だった。

予想どおりに、大変なテーマだなと一様に驚かれたが、しばしの沈黙ののち、どの人からも真摯な言葉が返されてきた。それぞれが一生かけて解いていくべき重い問題、短時間では語り切れないテーマだったが、みなさんの対応は真剣だった。

こうすれば問題が解決できると、ロードマップを示してくれた人はいないが、各々が違った道筋を示された。未来を担う若者たちにも批判とともに信頼を寄せ、未来に対して楽観的な意見を述べる賢人たちも多かった。少なくとも自分のことを棚にあげ、若者を一方的に批判する人はいなかった。

最長老の山折哲雄さんは、批判どころか、のっけから「この数年、とくに三・一一の震災以降は、自分を含めた知識人、科学者、文化人が、歴史のなかで最も無責任な人種だと思うようになった」と告白されている。

まずは賢者たちの話を聞いてみよう——。

目次

それぞれの風土が育ててきた基層の文化に立ち返れ！

山折哲雄（宗教学者）

やまおり・てつお
一九三一年、米国サンフランシスコ生まれ。岩手県出身。東北大学大学院文学研究科博士課程修了。国立歴史民俗博物館教授、白鳳女子短期大学学長、京都造形芸術大学院長を経て、国際日本文化研究センター所長などを歴任。『愛欲の精神史』で和辻哲郎文化賞受賞。二〇一〇年には南方熊楠賞を受賞している。近著に『ひとり達人のススメ』『髑髏となってもかまわない』『ニッポンの負けじ魂』『日本の仏教を築いた名僧たち』『義理と人情』（長谷川伸賞受賞）などがある。

科学者、専門家、文化人の責任

関野　私がアマゾンへの旅を始めたばかりだった一九七二年、世界的なシンクタンクであるローマクラブが、報告書『成長の限界』で、このまま人口増加や環境破壊が続けば、資源が枯渇して世界は破滅すると指摘しました。

それを裏書きするような光景というか、経済成長の名のもとに先進諸国が地下資源を確保しようとしてアマゾンのジャングルを伐採してゆく姿を、私は長年目の当たりにしてきたのですが、この現実はいまも変わらず、日本でもまた経済成長が声高に叫ばれるようになっています。これからのエネルギー問題、人口増加、食料問題などを考えると、大量生産、大量消費が限界だというのもわかっているのに、「成長」へのブレーキが踏まれる兆しはありません。

そんな現状で、われわれはどう生きたらいいのか。心配な未来に向かって、それを是正するための明確なロードマップは示せないとしても、何か方向性を示唆するようなヒントでも探っていければと考えているんですが……。

山折　いきなり大問題ですなあ（笑）。ちょっと個人的な話から始めさせてもらうと、私の感覚ではこの数年、過去から未来に通じる歴史のなかで、知識人や科学者、文化人というのが、最も無責任な人種なんだなと痛感する出来事が増えました。ですから、これからどう生きるかを考えるうえでも、知識人や文化人の語る無責任な言葉は信用しないのが一番なのではないでしょうかね。とくに三・一一の震災以降はそれを強く感じます。もちろんそれは私自身の問題でもあるわけで、こういえば、私が私自身を信じないということにもなりかねませんから、これからどうしたらいいのかは本当に悩んでしまいますよね。

人類の未来、地球の未来というテーマについては、数年前、地球上の生活には限界があるから宇宙に可能性を見い出そうと考える自然科者たちの研究会に、頼まれて参加したことがありましたが……。

関野 京都大学で開催された会ですね。

山折 そうです。私もさまざまな考えを話しました。けれども、その後、私が語った言葉がどのような形で研究に生かされているか把握していないんです。これについても、自分の無責任さを突きつけられたような気がしています。

今日はそうした反省も踏まえて話をさせてもらいますが、まず、近年の科学技術のビッグニュースといえば、ノーベル賞の生理学・医学賞を受賞した山中伸弥さんのｉＰＳ細胞ですね。いまは賛美の声に包まれていますが、私はこれは、人間の将来にとって非常に大きなマイナスの影響を及ぼすだろうと予感しています。

人が人を創り出す――。iPS細胞で精子や卵子をつくるのが可能になったとき、そんな倫理や宗教の問題が続出してくるでしょう。

山中さん自身は、そうした倫理や宗教の問題があることはわかっておられて、それは哲学や宗教、社会学などの専門家たちに考えてもらわなければならないと発言しています。けれど私は、ここが大切なところだと思うのですが、では科学者自らの責任はどうなるのか、iPS細胞を発見した科学者としての社会的責任や人類の将来に対する責任はどうお考えなのか、ぜひとも山中さんに聞いてみたいのです。

けれども、いま、それを問いかける人はどこにもいない。大きな問題のはずなのにiPS細胞に対する賛美の声しか聞こえてこない。メディアも一面的にしか取り上げない。危機的な状況だと感じます。

私自身は、山中さんを科学者としても、人間としても立派な人だと尊敬しています。折々の発言、謙虚な姿勢……。素晴らしい人だと思います。ただ、この一点について――、倫理的な問題を宗教学、倫理学、哲学などの専門家の手に委ねてしまうのは、はたしてノーベル賞を創設したアルフレッド・ノーベルの意思に沿うものなのか。そんな疑問が湧くのです。

ノーベル賞を受賞したアインシュタインや湯川秀樹さんは、自らの研究がもたらすであろう倫理的な問題をはっきりと自覚して、その後の人生を歩まれた。山中さんもおそらく、これからそうした道を歩かれる人だと信じますが、いまは日本だけではなくて世界全体で、科学者たちに、自らの研究の責任を負うという意識の継承がなされなくなった気がしているんです。自らの研究と、そのことに必然的にかかわる倫理的な問題……。科学者や技術者がその二つのことを同時に考えていくことは、これからの地球時代、宇宙時代でこそ必要になると思います。

関野　ただ、いまのところは、そうした倫理面での責任を負わない学者、専門家や知識人が増えてきているということですね。そして、そうした学者や専門家が人類や地球の将来などということは考えずに、相も変わらず経済成長の重要性を説いている。日本人の多くはもう、消費が増えればそのぶんだけ幸せになれるとは思っていないし、これ以上の成長も難しいと感じているはずなのに、それを説かれると、やはり何かを期待してしまうのでしょうか。

山折　その問題意識は、私も関野さんと同じです。経済成長のなかで豊かな社会を築き、便利なものに囲まれた生活を送ることが幸せだという価値観は、もう崩れ始めていると思いますね。けれども、一方で自分の生活水準は下げられない。そうなると、堂々めぐりで解決の糸口が見つからない。この現状の前では、研究者であれ誰であれ、いくらさまざまな幸福のあり方を語ったところで説得力を持ちません。

真ん中に穴が開いているだけ。そこにまたがって下を覗くと、三十メートルほど下に地面が見えるんです。そこで用を足すと、便がスーッと吸い込まれるように落ちていく。初めて排泄に快感を覚えました。東京に爆弾を投下したB29の乗組員たちもこんな快感を覚えていたんじゃないか。そんな妄想も浮かんできました。

それからですね。私が人間の原体験は、食べる、飲む、出す、そういうことだな、と考え始めたのは……。人というのは飲み食いと排泄がしっかりできれば、生きることの意味、そして快楽を発見できるんじゃないか、と。

八十歳を過ぎたいま、その思いがますます強くなってきています。幸福か不幸か以上に、私にとっては快楽か不快かがきわめて重要になってきた。それなのに現代の日本人は、飲み食いと排泄をおろそかにしているわけですよね。薬や栄養補助の錠剤を飲み、しっかりとした排泄もしていない。

あるアメリカの科学者たちでしたか、快楽についてこんな議論をしているのを知りました。食欲、性欲、排泄の三大快楽のうち、何が人間にとって一番重要か――。関野さんは、何が一番だと思いますか？

関野　排泄なのではないでしょうか。

山折　そのとおりです。答えを知ったとき、先ほど話したチベットの体験と重なりました。

私の人生のなかでは、いまが最も健康な時期なんです。完全に消えたわけではないにしても、性欲はかなり希薄になっている。食欲の面も、食べすぎないことが快適に感じる。ただ、排泄がうまくいったときとそうでないときの充実感はまるで違う。アメリカの科学者の話したとおりだな、と思いました。

関野　医学的な面から見ても、身体に溜まった不純物や毒を出す排泄はやはり大切です。下痢だって身体にとっては、悪いことではないですから。

私は人があまり行かない土地で医療活動をする機会がたびたびありますが、西洋医学を学んだ人もおらず、伝統的な医療も機能していない場所では、診察を始めるとすぐに行列ができます。たとえば、エチオピア南部の少数民族・コエグが暮らす地域で患者の話を聞くと、血便の人がたくさんいました。アメーバ赤痢かな、と思いましたが、実際に便を見ないと診断できないですし、アメーバ赤痢の薬は強いから、申告されてもやたらに処方するわけにはいきません。で、ひとりの便を見たら予想どおりアメーバ赤痢でした。そこで薬を処方するため、ほかの血便を訴える人たちにも「検便を持ってきて」と言うのですが、ほかには誰も持ってこないんですね。便を見られるのを恥ずかしがっているのかな、と思いました。でも、現実は違っていました。

コエグの人たちは排泄した直後の便は自分の身体の一部だと考えているらしいんです。しかも西洋医学の医者は〝ホワイトマジック〟と呼ばれるありがたい治療も施すけれど、〝ブラックマジック〟である呪いもかけることができると信じているので、身体の一部である便に呪術をかけられたくないから、みんな持ってこなかったんですね。

それと、コエグの人たちは排泄そのものに対しても、日本人とは違った価値観を持っていました。咳と痰、そして微熱に悩む六十代の男性を診察したとき、結核か喘息か気管支炎かを判断するのに顕微鏡が必要だったので町の病院に連れて行き、私が宿泊していたホテルで一緒に食事をしました。彼が便意を催したので、私の部屋のトイレを使うように勧めたのですが、怒ってしまって……。「お前がクソをした便所を俺に勧めるのか」と（笑）。

山折　なるほど。不思議な民族ですね（笑）。

自身の排泄物から考える核廃棄物、残飯問題

山折　まあ、そうした人々も含めての話ですが、私が関野さんに聞いてみたいのは伝統社会と排泄物の関係ということなんです。伝統社会では、いまも肥料、つまり排泄物とともに生活を続けているわけですよね。

関野　そうです。

山折　そういった伝統や生活を否定して乗り越えたのが、いまの日本社会といえるのではないかと思うのです。昔、私が尊敬する藤井日達という日蓮宗（日本山妙法寺）のお坊さんを訪ねてネパールのポカラまで行ったことがありました。そして藤井師にお会いして話しているうち、「トイレを貸して下さい」とお願いしたら「そんなものはないから、そのへんでしなさい」と言われた。外に出ると、たしかにあちらこちらに排泄した跡があるわけです。そのときはしかし、周りやいろんなことが気になってね、二日間、排泄ができませんでした。そしてそんな自分を、生命の基本的な循環にも加われないで何が宗教学だ、と自己嫌悪に陥りましたよ。インドでは、牛の糞が家壁になったり、燃料になったり、薬になったりする。そういう世界から完全に切り離された世界に自分はいたのだと、あらためて実感しました。

いや、じつは私が、こんなふうに排泄の問題を考え続けているのは、それが二つの大きな問題を考えるカギになるのではないか、と思っているからなんです。ひとつは核燃料廃棄物の問題。もうひとつは世界一多い日本の残飯の問題。この二つの問題を自分自身の個人の排泄を通して見つめなければ、と考えているんです。

関野　廃棄物の問題に関しては、私もアマゾンでの生活でいろんなことを考えました。アマゾンの先住民の暮らしを見渡すと、刃物以外の生活に必要なすべての道具を、森や川から採ってきて自分たちで作っています。服も家も動物を獲る武器も、生活に使われているすべての道具がどんな素材で作られたか、見てわかるんです。捨てられる廃棄物も、もともと何だったかすぐにわかります。そして自然物であるそれらのゴミは、また自然のなかに戻している。バナナの皮や動物を焼いたときなどに出る灰などは、ホウキで掃いて外に捨てる。それを野生動物や飼っている犬が食べたり、時間が経てば微生物が分解して植物の栄養になるんです。ゴミを循環させているわけです。

そんな環境にしばらく身を置いて町に出てくると、強烈な違和感を覚えます。店では三カ月もカビの生えないパンなどを売っている。不自然で得体の知れないものが素材として使われていると思うんです。日本でもスナック菓子や缶ジュースを買うと、どんどんゴミが出る。先住民たちの社会ではゴミは循環していますが、私たちの社会のゴミは忌み嫌うべきもの、汚物や危険物となって堆積していく。この差は大きいなと思います。

山折　ゴミの問題は、この文明が将来的にも向き合っていかなければならない大問題ですね。地球がもつかもたないか、人類が生存し続けられるかどうかにもかかわっている。核廃棄物や残飯はその象徴的な存在でしょうし、宇宙ゴミもすでに大問題となりつつある。そしてこれらの問題の解決には、小手先の技術や調整ではなく、根源的な発想の転換が求められることになるでしょう。その解決策を考えるのに際しては、私はまず、食べる、排泄するという人間の営みの原点から考え直してみるべきだ、そうしなければ人類の将来も見えてこないのではないかと思うんです。そこを抜きにしては、そうした議論もできないのではないでしょうか。

関野　そうですね。ただ、飲み食いと排泄は、人間だけではなくて、三千万種も存在する地球上の生物すべてに共通する行為ですから……。

山折　そう。人類の未来は他の動植物との共生が前提だろうし、それを語るのならば、三千万種の生物についても同じ問題意識を持って考えていかなければいけませんね。旧約聖書の創世記には、ノアの一族が箱舟にさまざまな動物や植物を乗せたとあります。人類の将来を考えるうえでも、そんな視点でノアの箱舟を見直すと非常に興味深いですね。

「欲望」を抑制するために見直すべきもの

関野　人類を破滅に導く「成長」を止めるには、人の「欲望」というものを何とかしなくてはならないという話が先に出ましたが、私はこの先、人の欲望、ひいては経済成長を制限できるのは宗教しかないのではないかと考えているんです。ですから宗教学者の山折さんのお話をぜひ伺いたかったのですが、この話題でまず私の経験から話しますと、たとえばエチオピア東部のダナキル砂漠に行ったとき、こんなことがありました。ダナキル砂漠というのは、かつて海だったところが現在は塩湖になっていて、アファールと呼ばれる人々が塩の交易や牧畜で生計を立てています。

私が知り合ったアファールの人たちも、ヤギとロバとラクダを二百頭くらい、それも一家族ではなく数家族が共同で飼育していました。エチオピアは国自体が貧困に苦しんでいますが、彼らが住むのは、その国内でも貧しい地域です。ですから、私はごく素朴に、日本人的な感覚で「もっと家畜が増えるといいですね」と話しかけたわけですね。ところが彼らからは「これはアッラーから授かった動物だから、これで十分だ」という答えが返ってきた。東洋的な発想かもしれないけど、これこそ「足るを知る」という考え方だなと感じ入りました。ここでは宗教が欲望を抑えているんだな、と実感したんです。

同様にチベットの仏教徒やラオスなどの小乗仏教を信じる人たちは、お金を寺院に寄進したり、祭りなどのために使いますよね。個人のため、現世のためではないお金の使い方です。現世しか見ないから、お金をできるだけたくさん儲けて、そのぶん、より快適な生活を送りたいと考える日本人とは対照的なような気がするんです。

山折　その違いには、歴史的に形成されてきた宗教的な観念が影響しているのだと思います。人間の欲望ということでは、太古の昔から人間はいろいろな欲望を持って生きてきました。そして時代とともに欲望の質が高まったり、広がったりしてきた。なかでも、欲望が質量ともに巨大なものに膨れ上がっていく時期があったと思うんです。人類規模での欲望の変化の時期ですね。それは人類が狩猟採集の文化から、農業革命を経た段階へと移ったときだったのではないでしょうか。

狩猟採集の暮らしは、絶えず移動して生活している状況ですよね。動物たちを追いかけて自然環境のなかを移動している。当時の人間は動物と対等の関係だったのではないかと思います。食うか食われるか。あるいはギブ・アンド・テイクの関係といってもいい。

しかし、その後に起きた農業革命によって、土地に定着する生活が始まった。そして、モノの蓄積が、人間の欲望を一気に肥大化させた。では、そのことが宗教の問題にどう影響を与えたのか。

農業革命以降は、人間が動物を殺すことは許されるけれど、動物が人間を殺すことは許されなくなった。そんな環境で人間中心の倫理ができあがった。その基盤の上に宗教的な観念が積み重なっていったのではないか、と思います。たとえば動物に関しては家畜化が始まり、それは人間の所有物となる一方で宗教的な存在にもなっていく。家畜が神の使いであったり伝令者であったりするのは一神教でも多神教でも変わりません。

いずれにしても、その時期に宗教的な観念が倫理的観念とともに大きな変化を遂げ、人間の欲望もまた大きく開放されてしまった。そう考えると、いま肥大化しすぎた欲望をいかにして圧縮するか、となれば、やはりその時期以前の、狩猟採集民の生き方、考え方を知り、それに学ぶのはひとつの手だと感じます。

関野　そうですね。私も同じように思います。ただ、私には一点だけ、いまのお話のなかで引っかかるところがありまして……。農耕が始まったから蓄積が行なわれたとはいっても、私がつき合ってきたアマゾンの先住民たちは、焼き畑でバナナやユカイモ（キャッサバ）などの作物を作っているけど、物を溜め込んだりはしないんですね。そしていまも移動を続けている。だから私は、蓄積が始まったのは麦や米などの穀物を作るようになってからではないかと考えているんです。原始的な農業は物を溜め込まないから人々は平等だった。だから農業革命イコール蓄積の開始ということではなく、蓄積をもたらすのは集約型の農業、あるいは穀物農業だというふうに定義しないといけないのではないかと感じました。

山折　なるほど。たしかに「農業革命」の定義は非常に難しいですからね。ただ、その原始的な農業以前、狩猟採集民のところまで生活様式は戻れないにしても、人間と動物が対等だとする彼らの観念などを知ることは、「足るを知る」という考え方に立ち返るには欠かせないと思います。だから、欲望の制限や抑制ということを考えるならば、まず人類が狩猟採集の段階から農耕の段階へ移行した時期のことを考える。捉え直してみる。それが非常に重要なのではないかと見ているんです。

「弱い人」が新しい土地も文化も拓いた

山折　それともうひとつ。欲望の問題と関連することですが、人間の歴史を巨視的に見渡してみると、そこには二つのタイプの生活様式があったという気がします。移動、放浪するタイプの人間と、定着、土着する人間の集団です。このうちの前者が、芸術や宗教を生み出してきた。千年、二千年の歴史のなかで、芸術家や宗教者というのはたいてい遊行する民のなかから生み出されている。世界宗教の教祖となる人々は、例外なく旅をしています。宗教がマンネリ化した時期に登場して革新する人間も、必ず移動しながら生きていた。

移動する人間とは何か。それもいまあらためて問われているように思います。世界には、生まれ育った国を飛び出していく人もいれば、戦火や飢餓に追われて移動せざるを得ない人々もいる。日本でも福島第一原発事故の被災者は、故郷に戻りたくても戻れない。移動した福島の人々が、次にどんな生活をするのか。移動のなかで選び取らなければならない。いままさに直面している大問題で、国家のプロジェクトとして突き詰めて考えなくてはなりませんが、それだけではない。

東京を形成している人間は、ほとんどが移動して移り住んできた人間の子孫たちです。移動する人間の歴史を考えないと、都市も芸術も宗教も、そして未来も語れないのではないかと思います。いまこそ根本的に、移動する生活様式から何かを学ぶ必要がある。そう感じませんか。

関野　おっしゃるとおりです。人間は自然環境に適応しながら世界中に拡散しました。サルの北限は青森県の下北半島です。さらに北へと行ったサルはいません。そういう意味でも人間の一番のすごさは移動したことだったと実感しています。

その人間の移動について、私は以前には人間の好奇心や向上心が原動力になったと思っていました。「あの山を、あの海を越えれば、よりよい生活が待っているのではないか」。カール・ブッセの詩ではないけれど、そんな気持ちに突き動かされて人間は旅してきたのではないかと考えていたわけです。しかし、いまの考えは違います。

たとえば二万年前、現在のインドネシアとインドシナは、スンダランドという亜大陸を形成していました。いまよりも百メートル以上海面が低くて、サハリンや北海道もユーラシア大陸につながる半島だった時代です。しかし、当時は最終氷期ですから、動物も人間も、多くは比較的温暖で住みやすいスンダランドに集まって生きていた。ところが氷期が終わり、氷が溶けて海面が上昇すると、スンダランドの一部が水没して、いまのインドネシアとインドシナができた。当然、土地は狭くなり、食料も少なくなります。しかし人口は変わらない。

となると、誰かが住み慣れた場所を離れなければならなくなります。

そのとき、誰が出ていったのかというと、好奇心や向上心に突き動かされた人ではなく、弱い人たちが押し出される形で出ていったのじゃないか、と私は考えているんです。

もちろん、出ていった人たちは弱かったから、多くは新たな環境に適応できずに滅んでしまったことでしょう。しかし、そんななかでわずかに生き残った人たちがいた。そして新たな土地に適応して住み着き、何世代かの時代が過ぎて生活が安定すると、またそこから弱い人たちが押し出されて新たな場所へと移動する。その繰り返しが現在まで続いているのではないかというのが私の考えです。極東にある日本などは、まるで玉突きのように押し出された人たちがたどり着いた最後の島だったのかもしれません。

日本の明治以降を振り返っても同じことがいえます。満州、南米、北米への移住者は決して日本社会のなかで強い人たちではなかったですよね。ただ、弱い人たちのなかには高い適応力を持つ人たちがいた。歴史上ではその典型が日本とイギリスだったのではないでしょうか。良いか悪いかは別にして、押し出された弱い人々の最後の吹き溜まりだったはずの二つの国が、日本はアジアを、イギリスは世界を制覇しようとする勢いを持った時代があったわけですから。

そういった意味でも、山折さんがおっしゃったように、移動してきた人間が新たな環境に適応する過程で、新たな芸術や宗教を創り出してきたのかもしれませんね。

山折　いまの人類史の図式化のような話を伺っていて、私は、ドイツの哲学者カール・ヤスパースのことを思い出しました。世界史の図式化のなかで、「軸の時代」ということを唱えた人です。ヤスパースは、今日に至るまでの人類最高の英知といわれる思想や宗教は、すべて紀元前八〇〇年から紀元前二〇〇年の間に生み出されたと語りました。それを世界史の軸となる時代だと捉えて「軸の時代」（あるいは「枢軸の時代」）と名づけたわけです。

たとえば、ユダヤの預言者たちの末端にいるイエス・キリスト。それからインドのブッダ。中国の孔子や老子。ギリシャのソクラテスやプラトン……。あの時期たしかに、たくさんの思想的巨人が一斉に出てきた。文明史上の一大エポックに違いなかった。

そこで、このヤスパースの仮説を日本列島に適用した場合、「軸の時代」に当てはまるのはいつだろうか考えてみると、それは十三世紀ではないかと私は思っているわけです。奈良時代には聖徳太子、平安初期には最澄や空海が現れているが、しかし時代としては法然や親鸞、道元や日蓮などが登場した十三世紀には、とても及ばない。これほどの宗教家が一斉に登場した時期はほかにはありません。そしてこの十三世紀の精神革命は、今日の日本人の生き方にも非常に大きな影響を与えている。

南方系の文化の重要性

関野　十三世紀は鎌倉時代で、鴨長明や藤原定家も出てきていますしね。それで、世界史的に見る「軸の時代」と日本の場合とでは何が違うんでしょうか。

山折　「軸の時代」の思想家や宗教者を生み出したのは、いずれも大文明の発生地で、乾燥地帯や大河のほとりといった場所でした。それに対して日本の風土的特徴は湿潤であり、辺境の文明を育てていた。

　私が語りたいのは、その日本で人々の精神を育んできた風土についてなんですが、日本人の源流はまず、アジアのモンスーン地帯を経て日本列島にたどり着きました。日本の考古学では朝鮮半島から日本列島へと続く「稲の道」を重視しています。けれど、ここで重要な意味を持つのは柳田国男のいう「海上の道」ではないのか。私は、日本人の宗教性を深い部分で方向づけていたのは、南方の島々から黒潮に乗って日本列島にたどり着いた人々が持つ文化なのではないか、と考えているのです。

　最近、司馬遼太郎が面白いことを話していたのを知りました。日本の主流文化は、中国文明の影響下にあるから、儒教的意識が強い階層的な文化だと語っているんです。祖先崇拝はまさにそう。忠孝を重視する考えで、階層的に秩序づけられた氏族社会をつくった。奈良、平安、鎌倉から今日に至るまでの主流がその文化だった。

ただ司馬遼太郎はこうも語っています。一方で氏族社会の秩序をぶち壊すような、黒潮に乗って日本列島にたどり着いた南方系の平等主義に則《のっと》った文化があった。それを象徴するのが、制度としての若者宿だ、と。かつては青年期に達した男性はみな若者宿に入りましたよね。完全平等主義のなかで地域の防災や治安の問題にも携わった。違反した者は半殺しになるような制裁を受けた。

それが顕著に認められるのが、薩摩の郷中《ごうちゅう》制度における若衆組ですね。そこから明治維新の立役者となった西郷隆盛とか大久保利通が出てくる。土佐の坂本竜馬の地域も若者宿があった。瀬戸内の淡路島にかけても多い。紀伊半島にもある。若者宿は中国的な氏族社会に対立する横社会だというわけなんです。

つまり日本には、黒潮に乗って日本列島にたどり着いた南方系の平等主義に則った文化と、中国大陸からの氏族社会、階層社会との対立構造がいつの間にか形成されていた。日本列島に育まれた文化、文明は、少なくともその二つのルートから入ってきたものと深いかかわりがあった。そして列島内でそれぞれに醸成された二つの大きな流れがぶつかった時期に、宗教的カリスマたちが登場した。房総には日蓮。日本海には親鸞。そして瀬戸内に法然……。司馬遼太郎はそこまで語ってはいないけれど、彼は日本の歴史をそうした大きな二つの流れのなかで考えていたのではないか、と思うのです。

関野　いまのお話とつながるのかどうか、もっと古い時代のことですが、紀元前七七〇年から始まる中国大陸の春秋戦国時代、南に逃れた人たちがいました。いまはラオスなどに住むモン族です。日本人に米作りを教えたのが彼らだという説もありますが、彼らは当時、縄文時代だった日本の存在を知っていたらしいんですね。

いま、日本人の血には、縄文人の血が三割、弥生人の血が七割流れているといわれています。私も自分ルーツを探ってみようとミトコンドリアDNAを調べた経験がありました。最も近かったのが、北海道の有珠《うす》や礼文島《れぶん》の縄文人のDNAでした。礼文島の船泊《ふなどまり》遺跡からは、中国大陸や本州から来たとしか考えられない翡翠《ひすい》の飾り物や、サハリンとのつながりを思わせるアスファルトをつなぎ目に使った弓矢、九州にしか棲息しないイモガイという種の貝殻などが出土しています。四千年前の縄文時代後期には広範囲にわたって交易が行なわれ、人も行き来していたわけですね。青森県の三内丸山遺跡は交易の中継地点だったと語る人もいます。

ただ、日本人のルーツとなると、学説の主流は中国大陸から来た人たちだとされて、いま山折さんが言われた南方から海を渡ってきた人たちの存在は否定されているんです。考古学者たちは「そんな危険を冒してまで海を渡ってくるはずがない」と考えているようです。

山折　関野さんはどうお考えですか。

関野　私は南方から島伝いにやってきた人たちの存在を否定する学者たちは、何か勘違いしているんじゃないかと思っています。危険だとはいうけど、太古の人はきっと一世代の間に遠くにうっすらと見える島を目指す程度のスピードでゆっくり移動していたはずで、それなら学者たちがいう危険はさほどないと感じました。

私自身がインドネシアから石垣島まで三年かけて旅をした〈海のグレートジャーニー〉では、インドネシアに残る古代の船を再現して航海したかったのですが、熱帯だから縄文時代の木造船は出土品としても残っていないんですね。それでも、できるだけ太古の人々の旅に近づこうとして、自然環境のなかから素材を集めて丸木船を造りました。

山折　黒潮に乗ることは意識しなかったんですか？

関野　もちろん意識しました。ただインドネシアを出航した当初は、黒潮はまったく関係ないんです。問題はフィリピンのルソン島と台湾の間の海峡で、そこにはたしかに黒潮が流れていますが、東西の海流に邪魔されて黒潮には乗れないわけです。三年目で台湾のあたりに入って、やっと黒潮の流れに乗ることができました。そこから石垣島までは速かったですね。

山折　では、黒潮に乗って日本列島にやってきた人々がいた可能性はあるわけですね。

関野　そうですね。もうひとつ、その可能性を示すものを挙げれば、丸ノミという船を造る独特の道具があります。それがフィリピンと台湾、そして西日本の遺跡で発見されているんです。

「移動すること」が欲望制限につながる

山折　先ほどの人間の欲望の話から離れてしまいましたが、戻しましょうか（笑）。

関野　そうでした（笑）。私は肥大化しすぎた欲望をどうするか、それが人類が生き残れるかどうかの大きなポイントだと考えているんですが……。

山折　単純かもしれないけど、関心が蓄積に向かう土着農耕民に対して、移動する人たちはできるだけムダを省きますから、欲望を制限する方向に向かいますよね。

関野　先ほど山折さんは、生活様式を真似するのはムリだとしても、狩猟採集民や移動する人々の生き方を参考にできるのではないか、ともおっしゃっていました。具体的にはどういうことでしょうか。

山折　たとえば、イエス・キリストの場合、大衆救済の道筋を考えながら砂漠のなかを四十日間、ほとんど飲まず食わずでさまよい歩いているんですね。必要最低限のものだけを口にして、飲まず食わずで歩いているうちに神の啓示を受けた。その期間の「対話」の相手は、宇宙、空、星、動物、風……。孤独のなか、ひとりで歩いていると、モノの蓄積なんて考えもしなかっただろうと思います。そんな状況が人間の運命を見つめるような方向に彼を導いたのではないでしょうか。

釈迦もまた、ルンビニからガンジス川まで五百キロの乾燥地帯を歩いています。その過程で悪魔に誘惑されたり、悟りを開いたりするわけです。孔子も巨大な国家を統治するにはどうするか考え続けながら旅を続けます。時代は下って、イスラムのマホメッドもアラビア半島を歩いている。さらにいえば、そのように移動した先達に学ぼうとしたのが、中国からインドを目指した求法僧の法顕《ほっけん》や玄奘《げんしょう》でした。日本なら慈覚大師が中国に渡り、千日回峰行の創始者となった。

移動する。歩く。旅する……。それは人間の限界を試すことにつながっていくわけです。当然、移動の途中は、欲望をコントロールする知恵や工夫が働かざるを得ないだろうと思います。欲望を抑制していく生き方については、その知恵や工夫からも多くを学べるはずだというのが私の考えなんです。

そこで関野さんにお聞きしてみたかったのですが、中世の探検家コロンブスやマルコ・ポーロにとって、その大旅行の意味は何だったのでしょう。彼らは富だけを求めて旅をしたのでしょうか。

関野　一概にはいえませんが、彼らは帰ることを目的にしていました。やはり富や名声を求めていたのではないかと思いますが。

山折　なるほど。でも、玄奘も帰ることを前提に旅をしていました。

関野　自分の国の仏教のために歩いたわけですよね。故郷に錦を飾るという意識はどこかにはあったんじゃないですか。

山折　そうかもしれません。現実に玄奘は帰国後は唐の皇帝・太宗の庇護を受けたりしていますからね。ただ、おそらくブッダやイエス・キリストにはそんな意識はまったくなかったと思うんです。

関野　それは私も同感です。

山折　同様に、十三世紀前後の日本の西行の場合は、源平合戦で破壊された東大寺を再建するための勧進の旅をしましたが、もともとはただ無目的に歩いていく旅が西行の旅だったと思いますね。そんな旅から価値が生み出された。そう考えると十三世紀の日本の宗教家たちは、移動するなかで宗教的価値をつくり上げていった気がします。

関野　しかし、あらためて現代に目を向けると、自由に移動できなくなっていると実感しますね。たとえば〈海のグレートジャーニー〉の途中、インドネシア、マレーシア、フィリピンで船で暮らす漂海民と出会いましたが、彼らは徹底的にいじめられていた。

山折　移動を制限されているんですか。

関野　そうです。インドネシアにはもう漂海民はいません。まず定住させるために国が学校とモスクを建てる。あるいは内陸部に建てた家で暮らせと強制する。それで彼らも、初めのうちは従うんですけど、農業の経験がないからすぐに海に戻ってきてしまう。ところが漂海民を続けるには、その海域に滞在してもいいという許可を毎年新たに国からもらわないといけない。移動しながら暮らしてきた人たちにとって、現代は本当に生きにくい時代です。それは狩猟採集民も同じですね。アマゾンの先住民たちは、開発で森が縮小したり、動物が減ったりして狩猟ができにくい状況に陥ってしまっている。国から定住を強いられて、缶詰などを受け取りながら生きている人もいます。

山折　うーん。そうなんでしょうねえ。そのようにして生活様式が変わり、精神風土も変わっていく。

そういえば以前、広告代理店が面白い番組を作っていました。セスナを三千メートル上空で飛ばして、沖縄から北海道の宗谷岬まで空撮していく映像ですが、それを見ると沖縄を出てからの視界はほとんどが大海原です。九州、本州、四国、北海道は森と山だけ。山林国家といわれるゆえんがわかりました。ただ、教科書的な常識では日本は稲作農耕社会というイメージで語られるけど、それはまったく見えなかった。上空から見た限りではどこにも稲作農耕社会なんてなかった。

そのときハッと気づいたんです。これは高さのトリックだ、と。飛行機を千メートルまで下げて飛ばせば、大地の広がりのなかに田や畑も見えてくる。狩猟採集の段階から農耕社会に移行した段階の光景が見えてくるわけですよね。さらに高度を三百メートルに下げれば、大都市が見えてくるはずです。狩猟採集、農耕社会、そして都市。日本列島が三層構造で浮かび上がってくると思いました。そしてその三層構造は日本人の意識の構造をも方向づけているんじゃないかとも思ったわけです。

たとえば災害などの危機に直面したとき、日本人は古層である縄文的価値観や農耕社会的な価値観で対応する。あるいは近代的な世界観や人間観で対処する。そんな三つの意識を柔軟に繰り出して危機に対応してきたのではないか。それが災害列島を生き抜くための知恵になったのではないかということです。

ところが、そんな三層構造で概括できる地域や国が、この地球上のどこにあるだろうかとも考えました。これは日本人の精神性を考えるときに非常に重要な特質なのではないかと思うんですが、関野さんはそのあたりはどうお考えですか。

関野　狩猟採集民とつき合っているうえでの実感では、日本人の根本には農耕を基盤にした文化があるんだなと強く思います。狩猟採集民はわれわれと違って、昨日、明日への意識がないんです。いまが一番大切なんですよ。それを象徴するのが、たとえばマチゲンガの人たちの挨拶です。「アイニョビ（お前は存在するか）」と呼びかけて「アーィニョ（存在するよ）」と応える。余計なものが一切ない。

旅を手伝ってもらおうと筏を一緒に作ったり、荷物を持ってもらったりすると、彼らはすぐに「足が痛い」「腹が減った」と愚痴をこぼします。労働を嫌がるんです。仕方がないので休憩を入れる。横になったりするのかな、と思っていると、嬉々として狩りや魚釣りに出かけてしまう。狩りや魚釣りは苦痛を伴う労働ではなく、自分たちの能力を発揮できる楽しみなんです。そして狩りも釣りも成果がすぐに現れる。狩猟採集民にとって大切なのは昨日でも明日でもない〝いま〟なんだなと実感します。そんな狩猟採集に対して、農耕は将来の収穫のための営みですよね。私たちは常に明日とともに生きている。

山折 明日がないということは、その人たちには来世観もないということですね。

関野 来世観は持ってないですね。ただ精霊の存在は信じています。

山折 精霊は自然とともに生きる人たちにとっては現実的なものですからね。では、過去、宿命、運命という概念もないですか。

関野 ないですね。

山折　面白いですね。農耕民になって初めて現在、過去、未来が生まれる。ここで時間論や空間論が出てくるわけですな。

関野　未来がまったくないわけではないんですよ。焼き畑もしているから少しは考えてはいますが、意識のなかで一番ではないということですね。ましてや、何年も先にどう生きるかとか、死後のこととかは考えていないですね。

山折　葬送の方法は？

関野　いまは埋葬もあるようですが、マチゲンガは昔は死者を川に流していました。川魚はほとんどが肉食なので骨だけになって流れていくんです。

山折　アマゾン流域に生きる先住民はほとんどがそうなのですか？

関野　いいえ。ヤノマミは遺体を焼きます。葬送儀礼のときに骨をバナナ粥《がゆ》にして村人全員で飲むと、死者の霊が逝くべき場所に逝けると信じられているんです。それが来世観の芽生えなのか、どうつながるのかは、いまのところわかりません。

ただ、死生観ということでいえば、十年前にヤノマミの人たちが金採掘の工夫たちに襲われて十六人も殺害されるという事件が起きました。彼らは、一度逃げても殺された仲間を焼くために遺体が残っている場所に戻るんです。そのたびに銃撃を受けて殺されてしまった。それほど遺体を焼くという行為が重要なわけです。アマゾン流域で同じように狩猟採集と焼き畑を続けるヤノマミとマチゲンガですが、死生観はそれぞれ違いますね。

山折　子供に対する考え方はどうですか。

関野　ペルーのマチゲンガは子供を叱らないし、何も教えません。狩猟の技術も、一緒についてきて目で見て覚えろという感じですね。ただ子供たちの成長を楽しみにしてはいますが。

アフリカの道とインドの道、どちらを歩むのか

山折　私は、いま毎日新聞が主宰している「ＭＯＴＴＡＩＮＡＩキャンペーン」に参加しています。ノーベル平和賞を受賞して「もったいない」の精神を広げることを提唱したケニア出身の女性ワンガリ・マータイさんとは、以前、講演会でご一緒したのが縁で対談させていただいたんです。そのとき私はどうしても彼女に聞きたいことがありました。

私はアフリカを滅びゆく大陸だと思っていたんです。現在の国際社会は、国連などを通してアフリカ諸国を支援する手立てを講じてはいるけれど、結局滅びる以外にないのではないか、と。民族同士の殺し合い、ＨＩＶ、資源争奪……。荒れ果ててしまって救いが見えない。

私はその原因を、アフリカの人々が土着の生活形態から生まれた観念や価値観を喪失してしまったからだと考えているんです。それは自然とともに生きていく自然信仰、アニミズム

といってもいいかもしれません。そんな観念や価値観を奪われてしまった代わりに、ほとんどのアフリカ諸国は、キリスト教国かイスラム教国になってしまった。土地で受け継がれてきた世界観が分断されて、引き裂かれてしまっている。それがアフリカが滅びの道を歩んでいる最大の原因ではないのか、と。

マータイさんは私の言葉を否定しませんでした。マータイさん自身は、ケニアの美しい自然のなかで育ちながらアメリカで学位を取っています。ご本人はキリスト教徒です。それでも彼女は、キリスト教以前のアフリカの大地が育て上げてきた価値観や世界観を取り戻さなければいけないと語っていた。ケニア山に対する信仰、自然に対する崇敬の気持ちをもう一度取り戻さなければ、というわけです。

アフリカ大陸は、人類発祥の地ですよね。そこがズタズタにされてしまったのは、キリスト教やイスラム教、そしてそれに基づく思想体系によるものです。

しかしいま、あらためて考えてみると、キリスト教やイスラム教の世界観が、逆にアフリカを再生させる手立てになる可能性もあるように思えてくる。科学技術は、まさにキリスト教やイスラム教と関連しているわけですから。人類はどこからやってきてどこへ行くのか——。そんな問題を考える思想の根源を提供しているのはイスラム教やキリスト教なのですから。

関野　ジレンマですね。

山折　そう。逃れることのできないジレンマを感じます。われわれは科学技術に頼りすぎて墓穴を掘るかもしれない。その典型がアフリカといえるのではないか。そして、その動きがいずれ地球全体に及ぶのではないか。そんな気がしています。

日本でも震災以後、多くの人たちが縄文的価値観を見直そうと繰り返して語っています。自然を大事に、というわけだけれど、一方で科学技術を捨てるわけにはいかない。それが救いの手だてになることもあるわけだからね。まさにアフリカが抱えるジレンマと同じ構図の問題に直面している。

こうした状況に比べると、私が長くつき合っているインドは、イギリスの植民地時代が三百年、近代文明の毒も薬も併せ飲んで成長しているはずなのに、アフリカにはならなかった。ある意味では世界最大の民主主義国として生き残っている。

その根源のエネルギーは、私はカースト社会にあると考えています。カーストについて社会学者たちは、人間を不幸にするマイナスの制度だと語ります。けれども、そうではない。カーストこそが、土着の生活形態から生まれた観念であり、価値観なのです。カースト社会こそがインドを統合する唯一の方法だった。インドの宗主国だったイギリスも、そのカースト制度にだけは手をつけることができなかった。それでインドはアフリカの道を歩まずに生き残ることができた、そのカギとなったのがカーストだと考えてるんです。

関野　前に対談した作家の船戸与一さんは、山折さんのそのインド論に感じ入っていました。

山折　そうですか。私はね、ガンジーを手がかりにしてカースト制度を考えているんです。ガンジーは最下層の差別民ハリジャンの救済に生涯をかけますよね。でも、そのガンジーの思想と、古代から続くカースト制度の是非は区別して考えなければならないと思います。ガンジーはカースト制の批判はしなかった。歴史的に形成されたカーストの負の遺産は次第に緩やかになっていくだろう、と考えていたと思います。カースト制度を一気に変えようとすると、かえってインドそのものが潰れてしまう。そのことを彼はわかっていたはずです。

それで、こうした事例を日本の将来に置き換えたとき、ジレンマを抱えるアフリカの道をたどるのか。あるいは土着の生活形態を残したインドのように生き残りの道を探るのか。いま、われわれはそんな問題を突きつけられているように思うんです。それは同時に、世界の運命を左右する問題だともいえますね。

関野　アフリカとインドのほかには、私は南米型の選択やブータン型なんかもあるのではないかと思うのですが……。

山折　南米型とはどんなものですか？

関野　中南米はアメリカの裏庭でした。アメリカと強く結びつき、援助を受けると同時に、アメリカの豊かさや強さを支える存在でもありました。しかしアフガニスタンやイラクでの戦争が起こって、アメリカは経済的にも軍事的にも中南米に手が回らなくなってしまった。いまや親米国はグアテマラとコロンビアくらい。ベネズエラとボリビアは完全に反米ですし、チリやブラジルもアメリカに対して距離を置いている。いま、南米では各国が経済共同体を組むという動きも出てきています。中南米が自分たちで生きていこうという動きが出てきたわけです。

ウルグアイのムヒカ大統領はかつてはゲリラのドンでしたが、ブラジルで行なわれた国連の「持続可能な開発会議」に出て、こんな話をしています。「消費が世界を壊している。高価な商品や贅沢な暮らしのために、みんな人生を放り出している。モノを持っている人間が幸せなわけではないはずだ」「消費を続けるためには商品の寿命を縮めてでも多く売らなければならない。十万時間持つ電球を作る技術を持っているのに、千時間しか持たない電球しか売ってはいけないのが現代社会だ」「食料問題も天災ではない。分配すれば世界中の人に食料が平等に行き渡るのに一部に集中するから問題が起きるのだ」……。

彼らも経済成長が限界にきている現実に気がついているんです。これから中南米は変わっていくでしょうね。

キューバの場合は、ソ連が崩壊してから技術も物も入らなくなり、アメリカの経済封鎖を受けて、自活するしかなくなったわけですね。そこで頑張って、有機農業がものすごく発展しました。

山折 あんな小さな国が頑張り通したわけですよね。ただ、そこでは相手が民主主義国家のアメリカだったから、という理屈も成り立つのではないでしょうか。相手がイギリスだったから、ガンジーの非暴力が成功したという説と似ています。あれがイギリスではなく、ナチスドイツだったり、ソ連だったり、軍国主義時代の日本だったらガンジーの非暴力主義は成功しなかったのではないかと、ドイツ出身の思想家のハンナ・アーレントが指摘しています。もっとも私は、ガンジーは相手が軍国主義であろうとファシズムであろうと、仮に殺されたとしても、非暴力を貫いたと思いますが。

翁の思想、童子の思想を取り戻せ

山折 一九九六年にアメリカの政治学者のサミュエル・P・ハンティントンが、冷戦が終わり、これからは文明と文明が衝突する時代に入ると書いた『文明の衝突』に対して、当初、日本の経済学者や政治学者のほとんどは反対の意見を述べました。けれど、九・一一の同時多発テロ以降、世界は宗教戦争、民族戦争を繰り返している。なのに日本の学者や文化人は、いまだにその現実を真正面から見ていない。だから日米同盟という話題も出てくるわけでしょう。百年単位で考えたら日米同盟なんてどうなっているのかわかりはしないのですから。いまは政治でも経済でも射程の長い議論が出てこないなと感じます。

高齢化社会を考えるのに際しても同じです。経済成長の時代は、中年世代、勤労世代が働いて得た利潤を老人世代と若年世代に配分できた。ところが低成長時代になると勤労層の数も減っている。コストをかけていられない。老人世代にかけていたコストの使い道の変更を迫られている。政治も経済も長い射程で先を見て、考え直さなければならない局面にきています。その程度の考えは皆が共有していると思うんです。でも、実践しようとはしないんですね。

私は、これからの高齢社会、老人問題を考えるうえで、その精神的な背景というか覚悟として考えておかなければいけないのは、日本特有の「翁《おきな》」の思想と「童子《どうじ》」の思想だと思っています。翁が童子を養い、育てる。童子は翁を尊敬して生きていく。こんな関係を大切にした文化は、世界でも日本だけですよ。そうした元来の精神性を取り戻さなければ根本問題は解決しない。

関野　その翁の思想と童子の思想ですが、私がインドネシアの田舎の村に滞在したとき、まさにそれを実践して生きている人たちと出会いましたよ。スラウェシ島に暮らす少数民族のマンダール人です。

そこで印象的だったのは、マンダール人の年寄りは、誰も老後の心配というものをしていないことでした。家族や親戚、あるいは近所の人、誰かが自分の世話をしてくれると信じきっているんです。それが当たり前だから、もちろん保険などというものも必要ない。マンダール人はみんな年寄りを本当に大切にしています。翁の思想と童子の思想は、日本よりもアジアの田舎にこそ、残っている感じがしました。

山折　インドネシアは自然の恵みが豊富ですよね。きつい労働をしなくても天然の恵みがたくさんある。そんな暮らしのなかで老人を敬う気持ちが出てくるのはよくわかります。

ただ、日本の場合、老人に対する考えに二つの流れがあって、翁信仰のほかに老人を敬うべしとする儒教の教えがある。この二つはまったく違うものであって、翁信仰の根っこにあるのは、そして私が大事だと思っているのは、万葉時代から続く「人間は死んだら神になる」という考え方です。遺体を村の外れや山中に放ったらかしにすると、遺体から魂が抜けて山頂に昇って神になる。そんな信仰もある。

日本人のライフ・ステージのなかで一番神に近いのはどこかというと老人なんです。年をとれば死んで神になる。そう信じられてきた。もちろん老人を敬う社会は世界各地にあります。だから日本だけ、とは少し言いすぎたかもしれない。ただ、日本人の原形としての精神性や宗教観は、翁信仰に代表されるんじゃないかと思っています。その老人世代は、同時にやがては子供世代のために身を引いていく、そして遠慮してこの世を去っていく。そんな伝統も大事にしてきたんだけれど、いまはそのようなかつての遺産を、誰も省みようとしませんね。

関野　大学の講義で来世を信じる人がどれくらいいるのか、学生に質問すると四百人のうち、ひとりか二人は手をあげます。次に来世はあるかもしれないと思っている人は、と尋ねるとけっこうな人数が手を挙げますね。

山折　大学で宗教学を教えている知人が、魂を信じているか、と聞くと半分以上が手を挙げると話していました。

関野　山折さんはどうですか。

山折　じつはその質問をよく受けるんです。信じると答えたり、信じないと話したりするんですが、いまは来世を「感じる」ことはありますと。日本人の宗教は、信じるか信じないかではなくて、感じるか感じないかだと言うんです。でも、これは見方によっては誤魔化しかな（笑）。

関野　私も魂の気配がするというときはありますけど（笑）。

山折　まさに日本の文化は気配の文化ですからね。

関野　そういう伝統文化や土着の文化を捉え直し、精神の根底に置いたうえで、未来への思索も深めよう、手も打とうということですね。頑張りましょうか（笑）。

（構成・岡村　隆）

よりよい未来に
じっくりじっくり
近づいていこう

池内　了

（宇宙物理学者）

いけうち・さとる
一九四四年、兵庫県生まれ。京都大学大学院理学研究科物理学専攻博士課程修了。総合研究大学院大学教授・学長補佐・学融合推進センター長。名古屋大学名誉教授。研究テーマは、宇宙の進化、銀河の形成と進化、星間物質の大局構造など。『科学の考え方・学び方』で講談社出版文化賞科学出版賞（現・講談社科学出版賞）受賞。『観測的宇宙論への招待』『科学の限界』『生きのびるための科学』『中原中也とアインシュタイン』など、著作多数。

地下資源型文明から地上資源型文明へ

関野　私たちは物質的にはとても豊かな暮らしをしています。しかし、大量の資源を使い、大量生産、大量消費、大量廃棄を続けるなかで、さまざまな負の側面が現れてきました。人類が持続的に生きていこうとしたら、すでに危機的な状況を迎えていると思います。

私は熱帯雨林を旅することが多く、好きな本に『熱帯雨林の生態学』（ジョン・C・クリッチャー著　どうぶつ社）があります。この本のなかに、宇宙から宇宙人が地球を見て、そこに家畜を飼う牧畜民がいるとしたら、宇宙人は家畜が主人で人間が世話係だと思うだろうという記述がありました。このように宇宙からの視点は、私たちに何か新しい気づきを与えてくれるかもしれません。今日は長く宇宙物理学に携わってきた池内さんに、宇宙から地球を見る視点で、「私たちがこれから生きていくにはどうしたらいいのか」という「人類の生き残り戦略」について、語っていただければと思います。

まず、われわれが直面している危機的な状況のなかで、たとえばエネルギー、食料、人口などについて、科学や科学技術はどんな役割を果たすとお考えでしょうか。

池内　だいぶ前から言っていることですけれど、私たちの現在の科学技術に依拠した文明は、地下資源に基本的に依存しているんですよね。石油、石炭、オイルシェールなどの化石燃料やウラン。鉄とか、ほかの金属、レアメタルなどの鉱物資源。これらの地下資源に依存した文明なんです。それらを使い始めて、まだ三百年経っていないわけです。石油はせいぜい百年前。石炭も三百年前くらいでしょう。じつはこれらは、いまのままの速さで使い続けていると、少なくともあと五十年から百年で使いきってしまう。

だから、地下資源に依存した文明は、まあせいぜい四百年続くだけなんです。それで、いつまでも地下資源があるという前提で物事を考えると危ないですよというんです。ただし、明日いきなり枯渇することはないから、皆さん誰も思いをいたさない。狼老人《おおかみろうじん》が何か言っているとしか思われないでしょうがね（笑）。しかし五十年先になれば、明らかにそれがわかる。その兆候はゆっくり出てくる。

たとえば、石油がゆっくり値上がりしていく。量が少なくなるほどその値上がり幅は大きくなる。そして、五十年経つころ、値段がピューッと一気に上がるわけです。いろんな鉱物資源も、たっぷりあるのは鉄くらいで、レアアースなんかも少ないといわれています。海底にあるとかないとか。それだって、いまのペースで使えば百年持たない。

そうすると地下資源に依拠した文明を、いかに切り替えるかが問題になります。どういう文明に切り替えるかというと、地上資源です。地上に満ち溢れている資源を利用しましょうということですね。エネルギー源でいえば、太陽光、風力、潮力などのいわゆる自然エネルギーに切り替える。ドイツはすでに総発電量の二〇パーセント以上を自然エネルギーに切り替えていて、二十年先は五〇パーセント以上になるといわれています。着々と手を打っているわけです。だからエネルギー源を自然エネルギーに代えていくのは必然の道となっている。これは、今日明日できるというわけではない。僕の目が黒いうちは実現はされないだろうけども、どうしても言っておきたいことですね。

関野　石油資源については、ピークオイル、つまり生産量が最大になるのはここ二、三年といわれていますよね。

池内　ピークオイルの解釈は人によるんですよ。いままで地球に存在した石油の半分を使うのがピークオイルで、それはもう来ているという人もいます。少なくとも、現在からプラス・マイナス五年くらいの幅のうちなのはたしかだと思います。

関野　石油の生産量が減って、八割になった段階で奪い合いや戦争になりますよね。

池内　なるでしょうね。僕が一番恐れているのは戦争です。残りあと一割、二割まで何もせずに放っておいたらそりゃ戦争になる。でも、その前に手を打っておけばよい。むろん、エネルギー源だけではなくて鉱物資源に関してもそうですね。鉱物資源に関しては、代替する地上資源として、生物由来の資源であるバイオマスをいかに有効に使うかということだろうと思います。

じつは石油も、単に燃やすという利用の仕方ではもったいない。石油からはいろんな石油製品ができるわけです。単に燃やしてしまうよりは、いろんなものを作って、それを使い終わった後に、さらに再利用をしてから燃やすほうが、もう一回使えるわけですよ。それで、石油で作られている化学物質とか塗料とか薬品とかいろんなものを、自然にある地上資源で代替していく。

ある意味じゃ江戸時代的だけど。現代が江戸時代と違うのは、科学技術が発達していることですね。たとえば、藁《わら》から合成樹脂ができる。小さな岩から鉄鉱石成分だって取り出せる。ただし含有量は少ないから、ものすごい工夫が必要です。そこに科学技術を生かさない手はない。実際、いまは藁から合成樹脂ができているんですけれど、すごいエネルギー投下が必要です。もちろん、いまのままではペイしないんです。でも石油がどんどんなくなってきたらペイするようになるかもしれない。

関野　そうですね。オイルシェールも、いままでだったら採算が合わないから採らなかったけれど、採算なんていってられなくなりましたよね。

池内　そうそう。もうひとついうと、いままでの科学もまた地下資源という有利なものを使ってきたわけで、鉄鉱石でも何でも含有量の非常に高いものを使うから、非常に簡単な科学ですんだんです。それを今度は、たとえば含有量が五十分の一しかない岩からいかに取り出すかとなると、相当知恵を使わないといけない。

そのプロセスを、金をかけずにやれるかということですね。僕はこれまでわれわれが開発してきた科学技術を使っても、同じ値段になるかは別にして、効率的にやれるはずだと思います。いままでは楽に取れるのだから、そういうことを研究したことがなかった。だからそういう研究をすることによって地上資源をもっと有効に生かすことができる。普通の岩から鉄やレアアースを取り出すとかね。皆さんは夢物語のように思うかもしれないけれど、僕はできるんじゃないかと思う。

関野　石油製品のプラスチックやビニール袋などはそのままだと自然に戻らないし、燃やすと嫌なガスが出ますよね。そうするとゴミ問題、廃棄物の問題になります。僕が四十年にわたってつき合っているアマゾンの先住民は、刃物などの一部の鉄製品を除けば、すべてを生物資源だけでまかなって生活しています。そんな彼らにとっては、ゴミも忌み嫌うものではないんですね。彼らはとてもきれい好きで、バナナの皮とか芋の皮とかを集めて家の外に捨てるんですが、動物が持っていったり、微生物が分解してその栄養で木が育ったりと循環している。

池内　地上資源のいいところはそこなんです。地上資源は環境への負荷はゼロとはいわないが、圧倒的に少ない。現在、われわれは大量生産し、大量消費し、大量廃棄することが当たり前と思っているけれど、大量生産が大量廃棄と必ず結びついていることを忘れてはなりません。たとえば、地上資源である太陽光エネルギーは原発に比べると圧倒的に廃棄物が少ないわけです。地上資源の活用は資源の枯渇と環境という二つの要素を考える重要な要素なんです。

関野　アマゾンで先住民のところから町に出て、雑貨屋のようなところで食事をしながら感じるのは、「なんでこんなにゴミが出るのか」ということです。大半はプラスチックやビニールなどの石油製品ですよね。それで、みんな処分に困って、ゴミが忌み嫌うものになってしまっている。

池内　石油製品は燃やさないと溜まる一方です。自然では分解しないですからね。だから石油製品をなるべく地上資源のものに切り替えないといけない。ゴミが溜まると焼却処分するしかないわけです。焼却処分をすると、有毒ガスが出る。ならば、有毒ガスが出ないための新しい工夫をしないといけない。このようにある意味循環的に手を尽くさないとにっちもさっちもいかなくなる。

関野　石油製品を燃やしても有毒ガスが出ないようにするのに、軍事技術を使って無毒化するとか、科学技術を使っていく術《すべ》はないのでしょうか。

池内　僕自身の考えとしては、石油製品はなるべく地上資源に切り替えるというのが第一前提です。科学技術は、人を殺す戦争にも、人を助けることにも、両方使えるんです。だから、意識的に「科学技術は人を殺すためのものではない」と言い続けないといけないと思います。科学技術はすべてがバンザイだとはとても言えない。それで、その使い方そのものにもっと関心を持って見ていかないと、どう使われるかわかりませんよということを言いたい。まさに、果物ナイフがリンゴの皮を剥くことができる一方で、人を殺すこともできるように、あらゆる科学技術は二面性を持っています。

「環境圧」にじわじわと苦しめられて……

関野　人口問題についても考えてみたいと思いますが、たとえば、サルの仲間は恐竜が滅んだあとで急に数が増えていきました。そして森に入って、天敵がほとんどいなくなった。このとき、数がそれ以上増えるのを抑制したのは病気だといわれています。私たち人間にとっては、天敵というか、その人口抑制の機能を持っていたのが、もうひとつは戦争だったのではないかと思います。エイズが出てきたときには、これも天敵になるかと思いましたが、だんだん克服してきました。戦争の是非は別に置くとしても、天敵がいなくなったのが人口問題の最大の問題ですね。

池内　人口問題について、僕自身はそれほど悲観的に考えていないんです。このまま何もしなくていいと思う。というのは、人々の生活レベルや生活環境がよくなると子供をたくさん産まなくなる。子供が早く死ぬから、あるいは子供を労働力に使わないといけないからたくさん産む。それがアフリカ、アジアでずっと続いてきた。しかし、生活環境とか、生きる条件がよくなるに従って子供は長生きするようになる。すると死ぬ数が減り、産む数が減る。たしかに人口動態を見ると、上がり続けていますけれど、上がるカーブの角度が緩くなってきて、いまはカーブがゆっくり横に寝始めているんですよ。

関野　インドとかアフリカも含めてですか。

池内　そう。含めてね。

関野　先進国はたしかに減っていますよね。

池内　そう。先進国は減っています。全体の人口の上がるカーブが緩くなってきている。僕は百億から百五十億人くらいで、平衡になるというかカーブが横に寝ると思っているんです。それで、そのときに心配なのは食料の問題ですね。現在の食料生産だと、南北問題などの分配の問題はありますが、百億人はまかなえるんです。

関野　総合地球環境学研究所の先生に教えてもらったんですが、いま世界中にある食料を人口の七十億で割ると、一人あたり三三〇〇カロリーあるというんです。必要なカロリーを二二〇〇とすると、ちゃんと分配されていれば人口が一・五倍に増えても食べていけるらしいんです。百億ならぎりぎり。いまの食料は余っている状態なんですね。均等に分けられてないですけど。

池内 そうでしょう。まあ分配の問題はありますけれどね、百億人ぐらいで人口のカーブが横に寝てくれるとちょうどよいと思っているんです。それにはとにかく生活環境をよくするとか、病気の追放とかに手を尽くすべきではないかと思っています。

関野 生活環境をよくするということは、私たちが産業革命以降に目指してきた暮らしの向上を求める形、つまり「大量生産、大量消費、大量廃棄」のスタイルとは違うんですよね。いままでとは別の形の、よりよい生活環境を求めないといけない。しかし一方では、先の総選挙（二〇一二年十二月の衆議院議員選挙）の結果を見てもわかるように、人々は「経済発展しなくても、もっと大切なことがある」という方向には向かっていないように思えます。それに、あれほどの重大事故があったにもかかわらず、原発の問題が争点にすらならなかった。

池内 たしかに、現状を見るとがっかりすることばかりです。ただ、僕は常に十年先、十五年先を見ることにしているので、この現状はこのままずっとは続かないと思っているんです。じつは僕は十五年前に家を建てたんですけど、そのときに電気代は絶対に上がるって書いているんですよ。だから自前で太陽光発電をやるんだってね。その電気代はやっと上がり始めましたよね。僕の予言が的中するまで十年以上かかっている。かかっているけど確実にそうした変化は起きている。

環境に関しても、たとえば地球温暖化問題として、台風が強くなったとか、集中豪雨が増えたとかいわれますね。たしかに激しさは増しています。強い雨が降る割合が増えるとかね。われわれはそうした環境の変化に圧力を受けているんです。最近よく河川の改修などインフラに手を入れなければいけないとかいってるでしょう。これは、インフラのメンテナンスをしてこなかった一方で、環境条件が悪化して、インフラに対する負荷が強まっているからなんです。それでインフラが耐えられる時間も短くなっている。このように、われわれは環境からの圧力を受けて、変化せざるを得ない状況にきていると思うんです。この圧力を僕は「環境圧」と呼んでいます。

電気代の話に戻すと、これからはずっと上がっていくんでしょう。むろん、一時的にオイルシェールが出るから下がるとかいうことはあるかもしれないけれど、大局的には上がっていって、そして最後は一気に上がる。そうなったらもう遅いんですよね。しかし、いまの状況に絶望していてもしようがないから、相当ひどい火傷を負ってやり直すしかないのかな。

関野　ちょっと痛い目にあう必要があると。

池内　本当はすでに毎日じわりじわりと痛い目にあっているんだけどね。少しずつだから誰も気がつかない。これはカエルを湯に入れる例ですよ。最初、ぬるい湯に入れてやると喜んでいる、だんだん熱くしていくと知らないうちに死んでしまうんですよ。それと似ていてね、われわれは環境に圧力を受けて、環境を修復するための費用を負担しなければならなくて、それを生活に回せない状況になって、だんだん追い込まれていく。そんなふうに天下国家が変わらないのなら、われわれ個人個人で生活を守りましょうと言いたいのです。極論をいえば自給自足をしたいんですがね。自給自足までいかずとも土地を借りて菜園をするとかね。自分で少しでも抵抗することが必要じゃないかと思うんです。

日本は森林国ならではの資源を有効利用していない

関野　世界を旅していて感じるのは、いまの日本が評価されているのは、生産量が多いというか、ＧＤＰが高いから、すごいと思われているんだなということです。そういうことを日本人もみんな感じているから、消費が落ち、生産が落ちることを心配しますし、政治家も「国際競争力」の名のもとに経済成長を訴える。

でも、僕は経済成長に頼らなくても幸福になれるように、もっとほかの面で評価されるようになればいいと思うんです。アートやスポーツ、ものづくりや環境に負荷を与えない技術力などで世界の評価を得ればいいと思うのですが……。

池内　先ほども言いましたが、五十年という時間スケールを考えたら、むしろそちらのほうが大事にされる世の中になっていると思うんです。ただ、そこへ行くには、われわれ先進国がエネルギーの消費量を二分の一とか三分の一のレベルに下げないといけない。われわれが下げて、開発途上国が上がってきて、それでトントンになるのが目標ですね。

結局、そうなるんじゃないかな。ちょっと甘すぎるかもしれないけれど。地下資源がだんだん枯渇していって、環境にかかる負荷が大きくなると、地上資源に切り替えないといけないわけですよね。そうすると、地上資源の利用は、開発途上国のほうがよく知っているんです。まだ地上資源から離れた期間がわれわれに比べて短いですから、地上資源に関する技術を持っているし、それに新しい技術をつけ加えることによって、より効率的に使うということは可能でしょう。

関野　日本の杉林では、木を切っても人件費のほうが製品よりも高いからと、補助金もらって放っておいたほうがいいって言う人もいますよね。しかし人工林に関しては、整備して、その地上資源を有効利用するように持っていけばいいと思うんです。見た目も、とてもきれいですし。

池内　そうです。本来、政策はそうすべきなんです。日本はこれほどの森林国で、バイオマスもたくさんあるにもかかわらず、その利用はずいぶん下手くそなんです。実際、山は荒れ放題ですよ。これほどもったいないことはないです。ヨーロッパは何やかんやいいながら、そういうところに予算をつける。輸入関税をたくさんつけて木材の輸入品を高くするとか、自国の林業に補助金出して安くするかのどちらかで、とにかく自国の林業を守ろうとする。でも日本はまったく無防備ですね。

関野　池内さんの考えているバイオマスというのは具体的にはどういものですか。

池内　エネルギーだけではなく、地上資源そのものです。蝋はとれるは、薬はとれるは、油はとれるは。昔はそういういろんなものを使っていたでしょう。だから、そういうものをもっともっと有効に使えばいいということ。それは、化学製品で作っている薬品などに匹敵します。むしろ、「天然もの」だということで、少々高くても買うでしょう。それは天然ものが当たり前という世界なんです。

関野　バイオマスで気になるのは、エネルギーとしてサトウキビやトウモロコシを使うために、アマゾンで畑が拡げられ、森林がなくなってきている問題です。

池内　本来は、トウモロコシの実は人間が食べて、茎はバイオマスエネルギー源として使うということで、研究が進んでいるんです。原理的にはわかってきています。いまは過渡期というべきかな。食べられるトウモロコシを食べずに、金持ちの車のために使うというのは、金儲けの手段としか考えていない。何も環境のことを考えているわけではないんです。

科学はあまり出しゃばらないほうがいい

関野　地球について少し伺いたいと思います。以前にアメリカ・アリゾナのバイオスフィア2へ行ったんです。あの実験は八人の研究者が二年間、閉鎖空間の中で、栽培植物や家畜を含めて、四千種の生命を入れて、研究をするというものでした。内部には熱帯雨林、サバンナ、湿地帯、海など、さまざまな地球環境を再現して、農耕、牧畜を行ない、自給自足の生活を実験していました。その熱帯雨林を案内してくれた人が「雨を降らせましょうか」と言うんです。僕は植物の葉から蒸発して結露した水が降ってくるのが雨のように見えるのかと思ったら、スプリンクラーから雨が降ってきた。それに、施設に入るときに外側に大きな発電所が見えたんです。アリゾナの砂漠にあるガラス張りの建物ですから、まさに温室ですよね。だから冷房しないと人は住めない。すごい量の電力を使ってるのでしょう。それで、結果的には実験は成功とはいえないものでした。でも、僕はやってよかったと思っています。

地球と同じ環境をつくることが、いかに難しいかということがわかったのですから。

池内さんは、宇宙物理学者として、地球について時間的に長いスパンで考えたり、空間的に非常に広い目で見ていると思いますが、地球は本当に特殊な星ですか。

池内　どうなんでしょうかね。地球に似た星は、これからどんどん見つかると思うんです。ただ、地球には生命が生まれて、どんどん進化したという歴史がある。百万年か三百万年かわかりませんが、人間にだって寿命があるわけですよ。こういう星はたくさんあって、ある期間それぞれの文明が発達して、消えていくというのが、宇宙にはたくさんあるような気がします。それで、「地球は平凡だけども貴重だ」と言いますね。平凡というのはたくさんあるという意味で、貴重だというのは同時代に地球のような星はそんなにたくさんはないということなんです。

関野　星同士で交流ができるとは限らないのですか。

池内　限らないですね。遠いですからね。最近、地球に似た惑星もだんだん見つかり始めて、その数は僕がいままで考えていたより、もっと多い気がしてますが、ただ、普通のロケットに乗って百万年間飛ばなければ行くことができないのですから、交流することは無理でしょう。百万年間、ロケットの中で暮らすというわけですから。通信でも、電波を送ってから百年後に返事が返ってくるとしても、自分が聞けるわけないですしね。だから、いろいろと手を打っておいて、われわれの後の世代、未来の世代の人々が、その返事をもらうように、バトンタッチしていくのでいいんじゃないかと思っています。

関野 日本惑星科学会会長で東工大教授の井田茂さんを招いて、美大生に話をしていただいたことがあるんです。そのとき学生から「天文学をやって何の役に立つのか」と質問があって、井田さんは「花より団子という言葉があるけど、団子ばかりじゃなくて、花があってもいいでしょう」と答えられました。池内さんも学生にこんな質問をされることはありますか。

池内 ええ。されますよ。この世の中に、ピカソやバッハ、ベートーベンがいなかったら、寂しかったでしょうね。われわれの人生の半分ぐらい楽しくないいんじゃない。役に立つか立たないかというと、天文学なんてほんまに役に立ちません（笑）。役に立たないものにお金をかける必要がないと思うなら、それはもうしようがない。しかし、寂しい人生でしょうね。そんな人生、生きるに値しますかね、まあそこまでは言わないけど……。だからね、たくさん金をかけろというわけではなくて、われわれの夢をつないでいくための実験はしたほうがいいし、そういう科学は持つべきなんです。

それから、先ほど話に出ましたが、科学と技術との差をいいますと、科学は人間の精神とか好奇心とか夢とかを育むもの。僕は文化としての科学といっているんです。技術は文明としての技術。生産力とかね、人間の力とか、いまの文明は技術によってつくられている。それで、科学は文化として、精神的作用としてあるわけで、科学があんまり出しゃばって人の役に立とうなんて思うと、かえって危ないよと思うんです。

関野　先日、宗教学者の山折哲雄さんと話したときにｉＰＳ細胞の話題が出ました。山折さんは、山中伸弥教授は真摯でよい人で尊敬できるとしながらも、「これがどう使われるかという倫理的な面に関しては哲学者にお任せします」という言い方をされたことに対して異論を唱えておられました。では科学者の責任はどうなるのか、アインシュタインや湯川秀樹博士はちゃんと後始末をしていったではないか、とおっしゃるわけです。この件について池内さんはどうお考えですか。

池内　僕はわりに科学の厳しい批判もするんです。でも、厳しい批判はなかなか新聞に載せてくれない。たとえば宇宙ステーションですが、宇宙ステーションはサッカー場より広いものなんですよ。それが宇宙を飛んでるわけです。宇宙ステーションの活動を止めたらどうなるの。そのまま廃墟になってずっと宇宙をぐるぐる飛んでるんでしょうか。廃棄のことを全然考えないで造っていると指摘したんです。

それから、ｉＰＳ細胞。問題は二点あります。一点は癌を引き起こす可能性があること。ｉＰＳ細胞で作ったものを再生医療で使っても、癌になる可能性は否定できない。癌にならない証明ができていないんです。だから、それをきっちり詰めない限り応用をしてはダメだと言っている。二点目は、iPS細胞から精子と卵子がつくれる可能性があるということは、「人間工場」ができかねないということ。普通の細胞から精子と卵子をつくって、それを受精させると、なんぼでも人間がつくれる。まあそれでも女性のお腹は必要なんですけれども。そうなると、オルダス・ハックスリーが書いた『すばらしい新世界』（講談社）のように、第一級の人間、第二級の人間、第三級の人間などという、人間の階層が生まれかねない。それにクローン人間が簡単にできてしまう。つまり倫理的な問題が出てくるということ。そこをとことん議論しなければiPS細胞を簡単に使うべきではないと書いています。

iPS細胞については、山中教授がよい人だから、批判はなかなか書けないね。新聞には、高校野球やオリンピック選手の批判はなかなか書けないのと同じで、タブーがあるんですよ。iPS細胞に関しては研究が進み、実用化されていくなかで、倫理的な問題は本当に大変な問題を引き起こすと思います。

関野　池内さんは脳死は人の死だと思いますか。

池内　思っていないです。僕は脳死移植は原理的には反対しています。

関野　脳死臨調（臨時脳死及び臓器移植調査会）の委員をされた哲学者の梅原猛さんは脳死は人の死ではないと、調査委員会で少数意見を述べました。しかし臓器移植に関しては、仏教の自利利他の菩薩行にかなうものであるから本人のリビングウィルとして臓器提供の意思が存在し、家族がそれに異議を唱えなかったときのみ、臓器移植は許されると言っています。

慢性的な心臓疾患、腎臓疾患、肝臓疾患に悩む病人がいて、もしも臓器移植が許されるならば、完全に健康体になれないとしても、なお何年かは命を長らえることができる。そして一方で、自分が脳死になったら自分の臓器を提供して、慢性疾患に悩む人を助けたいという意思の人がいるとき、そういう意思を満足させるのはいいことだというわけです。

私も脳死は死ではないと思いますが、厳密でオープンな診断のもとで脳死が診断され、臓器提供者が生前に臓器提供の意思を文書にしてあって脳死後に家族が同意するならば、臓器移植は反対しません。

池内　脳死について、僕はあんまり詳しくないんだけど、東京海洋大学の小松美彦教授が強烈に反対意見を出しておられて、それに賛成しているんです。まあ、脳死そのものが本当に人の死なのかどうかは僕はわからない。ラザロ兆候とか、脳死状態では、反応しないように見えるけども、喜怒哀楽があるという証拠もある。

関野　妊娠していたら子供も産めるんですよね。

池内　そうね。脳死を人の死と認めないということは、脳死移植ができないことになるんです。これはまた新聞には書けない話で、僕は思うのですが、人々は死ぬことに対して、諦めるとか、しようがないねと思うとか、そういう気持ちを失ってしまったのではないでしょうか。いまの医療技術の進歩によって、欲望として生かしたいというのが、どんどん強くなってしまっている。それには賛成できないですね。

僕が小さいころにね、親しかった同級生が何人か亡くなっているんです。ひとりは腎臓透析を毎日していた子が四年生で死んだり、またもうひとりは池に飛び込んで心臓まひで五年生で死んだ。あのころ、親や周りの者は、悲しいけれどその現実を受け入れた。いまなら池に垣根を巡らして安全装置をつけて、絶対に池に飛び込ませないようにするでしょう。諦めるという気持ちが薄れていくのは、欲望を満たすことにつながっている。それでみんなが、科学はその欲望を満たすためのものと思っているのは、本当にいいんだろうかと疑問に思います。

脳死移植の場合は、必ず人をひとり殺して、人を助けるわけです。僕は殺さないでできる角膜移植とか、生体腎移植とか、輸血とかはいいと思います。ひょっとしたら、この人は生きたいのかもしれない。ひょっとしたら、この人はまだ生きる能力を持っているかもしれない。なのにこの人を殺して、移植するということは、人の死に重み軽みをつけることになるのではないかと思う。これは極論かもしれませんが。

原発事故で失った科学の信頼

関野　池内さんは、核エネルギーや遺伝子組み換えのように、科学が本来自然界にないものを人工的につくり出すことについてはどうお考えですか。

池内　基本的には反対です。やるなら本当に恐る恐るやって、とことん実験をして、これなら大丈夫だとなったところで一般化すべきでしょう。やりたいという科学者に無理にやめろと言うわけにもいかないが、その場合は、とことん実験をしなさい、一生実験だけかもしれないよと言います。新しいことをするというのは、そのくらいのエネルギーと時間と情熱をかけなければいけないものだと思います。そうであれば、科学は信頼されると思います。

関野　最近、科学は少し一般の人々から信頼を失っているように思うのですが。

池内　やはり三・一一（東日本大震災）で、地震とか津波の予知ができなかったことがあると思います。さらに、現代の科学技術の粋である原発の事故。なおかつ、事故後にテレビで見た専門家たちの抜け抜けとした無責任な発言。「わしらは、あんなやつらに任せとったのか」という感じですね。そら、信頼できないとなるのは当然だと思いますよね。

放射線の問題でも、「ただちに健康に影響はない」って。じゃあ、「いつ影響あるの」となりますよ。それから、チェルノブイリではセシウムは何も悪さはしなかったって、そんなことはないでしょう。放射線そのものが直接悪さをしたから死ぬということは、じつは少ないんです。ヨウ素が影響する甲状腺の場合は、ヨウ素の半減期が八日間ですから、一週間ぐらいで勝負が決まります。その場合は証拠として明確にあるんです。一方セシウムの半減期は三十年。内部被曝して、三十年間身体の中にあって、じわーっと被曝している場合、人間の身体は当然ほかのことで弱ったりして、セシウムの被曝が直接の証拠として出てこないんです。しかし身体を弱めているのは事実です。

広島・長崎の原爆訴訟でも、放射線の直接の被害は証明しにくいんですよね。チェルノブイリでも亡くなったのは事故後すぐに駆けつけた消防士とか作業員だけです。それ以外の周辺部の人々は、放射能をゆっくりと浴びている。そういう場合は急性症状が出ることは非常に少ないから、慢性症状になる。慢性症状だとほかの病気と区別がつかなくなるから、被曝による症状ではないといわれてしまうんです。むしろ放射線障害の場合、明確な病名が判定できないのが普通なのです。だから怖いと思うんです。

関野　放射線は医学でも治療に使っていますけれども、エネルギー源としては、もうやめるべきだと思われますか。

池内　僕はね、大々的にエネルギー源として使うのはやめるべきだと思います。病気の治療とか、放射性同位元素を研究などに使うのはいいと思います。

関野 日本の場合、原発そのものの問題もあるけれども、地震を引き起こす活断層が縦横に走っているところに、原発を造っているというのも問題です。フランスは地震が少なく、津波も少ない。フランスでも原発はまずいと思いますか。

池内 まずいと思いますね。フランスも原発は少しずつ減っている。フランスだって一〇〇パーセントの人間が原発に賛成しているわけじゃないですし。ウランだって使い続けていくと五十年持たないわけですよ。そのとき気がついたら、ドイツは五〇パーセントも自然エネルギーだからフランスも頑張ろうとなっても、いっぺんに五〇パーセントなんて無理ですよ。むちゃくちゃ金がかかる。だから、いまのうちに手を打っておくべきだと思います。

関野 日本は原発を輸出しようとしていますよね。

池内 ベトナムとかトルコにね。情けないね。

五十年のスパンで生活を変えていく

関野 人類の未来は、エネルギー問題や人口問題や食料問題などいろいろ問題を抱えているけども、池内さんは、科学や科学技術をうまく有効利用することで、そんなに悲観的なものにはならないだろうと見ているわけですね。

池内　はい。五十年ぐらいの時間的スパンで考えて、「こうなると本当にいいね」と人々が意見をそろえていけばいいんじゃないのかな。いっぺんに何かしようとか、ファシズム的に上から何かしようとかいうのは、ダメですよということなんです。

　実際、それができないと人類は悲惨なことになるわけですよね。先ほど話した資源獲得戦争とか、世界戦争になったら核兵器を持っている国だけが生き残るという悲惨なことが起こりかねない。人口の一割だけが生き残る。

関野　その場合でも、僕は核兵器を持っている国が生き残るとは思わないんです。お互いにやり合うから。むしろ、生き残るのはニューギニアとかアマゾンの山奥の人だと思うんです。

池内　そうかもしれないですね。

関野　それでは、五十年後に生きる若い人たちは、いま何をすべきと思いますか。

池内　先ほど僕が言ったようなことに、ある種の確信を持って、いっぺんにやる必要ないし、焦ることもないけど、よりよい方向にじっくりじっくり近づいていくような生き方。簡単にいうとモノを大事にして、使い捨てや頻繁な買い換えをなるべくやめる。せめてそれから始めるのでもいい。少しずつ環境に負荷を与えない、資源を浪費しないという生活スタイルに変えていく。

関野　リサイクルも。

池内　むろんリサイクルも。３Ｒとか5Ｒとかいわれてますけど、リデュース、リユース、リサイクルとか、そういう生活スタイルをゆっくり身につけていく。たとえば、僕は毎年ひとつ環境によいことをしようと決めるんです。買い物袋を持参するとかね。それを習慣化するのにだいたい一年かかるんです。電気のスイッチをまめに消すとか、テレビのコンセントを抜くとか、くだらないことでも、自己満足でもいいから、一年やり続けて習慣化して、翌年また新しいことをプラスするんです。

それから、若い人に対して謝りたいのは、私たちの世代がバカでしたということ。私たちの世代が原発を造り、地下資源を使いまくって、原発のゴミばっかり残してね。われわれの世代はものすごい罪がありますよね。だから、せめて罪滅ぼしのために、若い人がちゃんと生きられる世の中になるように遺言のつもりで今日も言っているんです。

（構成・吉田 正）

79　池内 了　よりよい未来にじっくりじっくり近づいていこう

「闇なき世界」に未来などあるのか？

船戸与一（作家）

ふなど・よいち
一九四四年、山口県生まれ。早稲田大学法学部卒。在学中、探検部に所属し、アラスカなどに遠征する。出版社勤務を経てフリーとなり、執筆活動を開始。一九七九年『非合法員』で作家デビュー。吉川英治文学新人賞、直木賞、山本周五郎賞、日本推理作家協会賞など受賞多数。『山猫の夏』『砂のクロニクル』『蝦夷地別件』『猛き箱舟』『河畔に標なく』『夜来香海峡』『新・雨月 戊辰戦役朧夜話』『満州国演義』シリーズなど、多くの著作がある。

歴史は誰がつくるのか

関野　僕は医者でもあるので、病人を診る場合、過去の病歴を調べ、現在の病状を診断し、病人の未来を想定あるいは期待しながら投薬や手術といった治療を施すというのが仕事になります。じつはそれと同じ発想法で「人類とその社会はいま、どんな病気にかかっているのか、それはなぜそうなってきたのか、その病ははたして治療ができるのか」を診断したいと思っているわけです。そのうえで、人類がこの先も生き延びるための処方箋か、あるいはせめて処方のためのヒントだけでも提示できないかと考えて、こんな大それた対談シリーズを始めたんですが……（笑）。

船戸　それはまた途方もない話を俺なんかに持ち込んできたもんだな。で、俺は何を語ればいいんだい？

関野　いや、船戸さんは世界の近現代史を分析的に見ながら、それを素材に小説を書かれてきたし、その前に僕と大学は違っても同じ探検部の先輩として、いままでずっと世界の辺境や紛争地を歩き回ってこられた仲間ですから、何かがきっと見えているはずだと思うんですね。で、まず聞いてみたいのは、世界の歴史というものを考えるとき、その歴史を動かすのは誰だと船戸さんは見ているかということなんですが。つまり権力者なり革命家なりの英雄的な個人なのか、それとも大多数の民衆なのかという……。

船戸　いきなり大テーマだなあ（笑）。まあ、歴史の方向性を決めるのは、ある種の能力や立場を持った一握りの人間か、それとも民衆かということなら、俺は結局は前者のほうだと思うね。もちろん民衆の動向というものとの間に相関性はあるにせよ、いわゆる人民史観ってやつにはやっぱり「顔」がないよね。

関野　一握りの人間ということは、つまりひとりの個人ではなくグループだと？

船戸　たとえば明治維新の場合だと、あの維新は百人で行なわれたといわれている。あの状況をつくり出し、維新を遂行し、完成させるのに、意見を言ったり行動を起こした人間の数が、数え上げていくと約百人。もちろんその周囲に参集した人間は多くいるけど、それはいわば彼らに追随したり命令されたりして動いた人数だから。俺がいま書いている満州の小説（新潮社刊『満州国演義』シリーズ。二〇一三年三月現在第七巻まで刊行）の場合、建国から国家経営に絡むさまざまな動きを調べていくと、「またこいつかよ」と思うぐらい、同じ人物が多くの局面に登場してくる。それは突出したひとりというわけじゃないけど、何らかの形であるグループに属した連中だね。そいつらが局面をつくり出し、歴史の状況を引っ張っていった。

関野　そこでの民衆とか、一般の日本人の役割は？

船戸　はっきりいえば、目の見えない民衆がいてメディアに煽られ、状況を後押しした。満州事変だって、あれは「関東軍主催・毎日新聞後援」と言われたぐらいで、あれで日本の主要メディアはみんな販売部数を伸ばしたからね。数字は正確じゃないかもしれないけど、戦争が始まると、読売新聞なんて二十万部ぐらいだったのが、あっという間に百万部になった。一方で反戦の論調を張った信濃毎日新聞なんかは部数を落としたという実態がある。いまだって週刊誌なんかは「すぐに中国が攻めてくる」と煽ったほうが売れてるだろ？

関野　いわゆる民意というものにはメディアの動きの影響が大きいということですね。では、そうした動きや方向性を促すものというか、そこには背後に誰かの、あるいはグループの「意思」が働いていると見ているわけですか。

船戸　たとえば北朝鮮報道で脅威論が台頭するのはなぜかというと、じつは自衛隊などから見て本命の脅威論の対象は中国なのに、そうはいえないから黙っていると防衛費が削られてしまう。アメリカの産軍共同体もまた日本に武器を売りたいから、そうした意思が連動して、北朝鮮の状況を利用する形で必要以上に脅威論を煽ることになる。だいたい北朝鮮がテポドン（大陸間弾道ミサイル）を撃つというのに、なんで市ヶ谷（防衛省本庁舎）にパックスリー（ミサイル防衛システム）を設置する必要があるのよ。日本を本当に攻撃するなら、ノドン（中距離ミサイル）が一番有効なんだからね。あれは北朝鮮脅威論を煽って何かを得るためのデモンストレーションにすぎない。

関野　ミサイル報道は日本の総選挙（二〇一二年十二月）前ということもあって、ＴＰＰもやりたいし原発も再稼働させたい、軍備も増やしたいという勢力にとっては有利に働きましたよね。それにマスコミも加担する形になった。つまり北朝鮮は、日本のそうした勢力やアメリカの産軍共同体などによって利用されている構図だと？

船戸　それだけじゃなくて、最近は中国もその北朝鮮脅威論を逆利用し始めたね。本心は北朝鮮のミサイルなんて中国にとってはどうってことないはずなのに、北朝鮮脅威論で日本が軍備拡張に走り、軍国主義に戻ると宣伝して、対抗措置としての自国の軍拡や海洋進出を正当化している。

関野　アメリカも中国も同じ発想に立っているわけだ。

船戸　あのね、アメリカと中国というのはもともと相似形なんだ。要するに、いまの中国は金《かね》バンザイでアメリカと一緒。アメリカも民主主義なんて単なるお題目にすぎない。国家主権の尊重をいいながら、パキスタンの国家主権は侵してビンラディンを撃ち殺すとか、そんな矛盾を問うたら答えられないじゃないか。それからアメリカ式民主主義の一方法として議会におけるロビー活動というのがあるけど、あれはつまりは「買収」だからね。何かあれば自己都合で強権発動するところや、カネにものを言わせるシステムという点で、とくにいまの中国とアメリカは同類だといえる。

関野　そのアメリカと中国が二強として世界に影響を及ぼしていくのが、近未来図の予測ですか。一方でインドも大国化しているし、ブラジルも力をつけているから、これらいくつかの大国によって、これからの歴史は引っ張られていくと？

船戸　インドとブラジルが大国になれるかどうかは、まだわからないね。国民の識字率の低さなどを考えると。

関野　だからブラジルでは前大統領のルラが教育にものすごく力を入れました。彼自身が貧しい無学の農民一家から這い上がった人物ですからね。それに象徴されるようにブラジルは変わりつつあると思いますよ。

船戸　インドはどうだい？　あれだけ言語も文字も多いとなあ。いったいいくつあるんだっけ？

関野　憲法で公用語とされているのが二十数言語ですかね。ほかに話者のかなり多い言語だけでも二百言語ぐらいあるといわれます。ただ、インドの人口増とＩＴ産業などを核とした経済の伸びはすごいから……。

船戸　そういえば、山折哲雄さんがどこかで、インドの強さはカースト制度があるからだとか、すごいことを言ってたな。あれは俺も頭に引っかかっている。で、関野はどう考えてるの？　つまり、歴史は動かすのは個人か民衆かという問題と、これから特定の大国が世界史を牽引するのかという点については。

関野　僕は民衆の識字率が高まり、教育程度が上がれば、これからは民衆が歴史を動かしていくと思っていたけれど、先日の総選挙の結果を見て、少し悲観的になりましたね。世界一の識字率を誇り、教育レベルも高いはずの日本人が、福島原発事故や震災のことも忘れ、メディアの操作のままに行動している。権力を持ったものがメディアを味方にすれば、思いのままに民衆を、ひいては歴史を操作できるということを立証するような選挙結果でした。これは程度の差こそあれ、日本だけのことではないように思えます。ただ、そのようにして動いていく世界のなかで、特定の大国がのちのちまで歴史を牽引していくかとなると、そうではなくて、アメリカ、中国の二極化の後は世界は多極化していって、それぞれの地域の核になる国が、ほかの地域の核になる国々と権謀術数を使って表裏で駆け引きしながら進んでいくんじゃないかと思いますね。

国家と民族と「人類の未来」

船戸　まあ、人類の未来がどうなるのか、どうすればいいのかという関野の最初の設問に戻れば、俺なんかはいまのＩＴというやつがまるでわからないからね。これがわからないと未来図なんか何も思い描けないと思っている。未来どころか現在もわからないから、いまの時代を設定した小説も書けなくなっている。幕末維新期の物語（徳間書店刊『新・雨月』など）や「満州国」の時代を書くようになった背景には、そういうこともあるね。

関野　たしかに、いまはアマゾンの奥地に行っても若者が携帯電話を使っているし、ちょっとした町ならどこでもインターネットで世界とつながっています。閉ざされた空間の物語は生まれにくいですね。

船戸　この間テレビで見たけど、アフリカではマサイ族があのマサイ・ジャンプをやりながら携帯電話で話してたぞ（笑）。

関野　だとすると、船戸さんがいま想定、いや想像できる未来というのは、どのぐらい先までになりますか。五十年とか百年とか？

船戸　とてもとても。ただ、昔から「孫子《まごこ》の代まで」という言葉があるように、人間には具体的なイメージは伴わなくても、そのぐらいまでの想像の年数単位というのはあるんだろうな。そういえば「国家百年の計」という言葉もあるしね。その国家の問題だけど、人類の未来などというときに、なぜか国家の存在は無視して語られることが多いような気がするが、俺はそれはリアリティーを欠くと考えている。ITにしろ経済のグローバル化にしろ国家の枠を超える状況はたしかに進んでいくだろうけど、少なくとも近未来においては前提から国家を外すわけにはいかないだろう？　やはり現在の世界の政治力学がしばらく続くという前提で考えるしかない。

関野　たとえばどういうことですか？

船戸　チュニジアから始まった「アラブの春」が、フェイスブックなどを使った「ネットによる民衆革命」といわれるけど、実際は同じアラブでも、チュニジアで起きたことと、いまシリアで起きていることはまったく違う。チュニジアの場合は、人口が少なくて技術力が比較的高い国だからフェイスブックが大きな役割を果たしたし、そればかりが注目されたが、それがエジプトに飛び火した瞬間に宗教問題が登場してきた。リビアに至っては部族問題が飛び出してくる。革命が成功しても、それぞれの国が抱えている問題がそれぞれに噴出してくるわけで、単に独裁者がいて民衆がフェイスブックでそれを倒した、ITによる歴史の進展だ、なんていう生やさしいものじゃないと思うんだよ。ITがそれらの動きに国境を越えて大きな役割を果たしているのはたしかだけど、国による問題の多様性というものと国境で区切られた世界というものはまだ厳然として存在する。

関野　人類の未来を考える場合、その国家で成り立つ世界のパラダイムがどう崩れていくかということも問題なんですよね。

船戸　それでいうと、俺はじつは現在の国家で最初に破綻するのは中国だと思っているんだよね。十三億もの人口を単一的に抑えるなんてことはもともと無理があるし、いつまでも可能だとはとても思えない。その中国が単一権力でなくなったとき、いまのパラダイムが最初に壊れることになるんじゃないか？

関野　中国という国家枠の崩壊が世界に影響するということですか？

船戸　ほかの国々や、国家によって成り立つ世界にどう影響するかはわからないけど、少なくともすでにできあがりつつある「アメリカ対中国」という図式は壊れていくよね。中国ではまず共産党の内部と地域による分裂が起きる。その場合、いま六つに分かれている軍区程度に国が割れると見るのが常識的だろう。これについては、二十年ほど前に最初に中国に行ったとき、何人かの中国人が盛んに『三国志』の書き出しの文句のことを語っていたのを思い出すんだ。そこには「統一が長ければ必ず分裂する。分裂が長ければ必ず統一する」と書かれているんだと。そして共産党による統一がもう長すぎると。

関野　なるほど。しかしそうして中国が分裂国家になったと仮定しても、人類の未来という視点で見た場合には、世界人口の二割を占める「中国人」という問題は残りそうな気がしますよね。「国家」の次にある「民族」という枠の問題だけど……。

船戸　うん。たとえば中国人の姓で一番多いのは王という姓らしいけど、この王さんだけで九千二百万人。八千万余りのドイツ人や六千万余のイギリス、フランスの人口をはるかにしのいでいる。なにせ中国はスケールが違うんだ（笑）。

関野　世界の五人に一人は中国人ですからね。たとえ国家という枠が外れたとしても、人類の未来を考えるとき、その民族や文化や社会の特性というものを無視して一般論で語ることはできないでしょうね。これは中国人に限らず、世界の民族全般にいえることだけど。ただ、僕は「国家」や「民族」と、「人類の未来」ということでは、こんなことも考えているんです。アメリカがイラクやアフガニスタンで手を焼いているうちに、アメリカの裏庭といわれていた中南米に変化が起こりました。ベネズエラやボリビアは反米政権、ウルグアイでは何回も投獄された都市ゲリラのリーダーが大統領になっています。これまではアメリカにさんざん搾取されてきて、独裁的なアメリカべったりの政権に群がった連中だけが既得権益を守って優雅な生活を送ってきたのに、ブラジルのように教育レベルが上がると民衆も誰に投票すれば自分たちの利益になるのかがわかってきた。その他の国々も、アメリカとはそれなりにつき合うけれども、頼らない。むしろ南米で経済共同体のようなものをつくったほうがいいという動きがある。アメリカが弱くなったところに中国が手を伸ばしてはくるけれど、世界が多極化していくなかで中南米がその一翼を担うときが来るのではないかと思いますね。

日本での先の選挙結果の話とは矛盾するかもしれないけど、中南米の例などを見ると、教育レベルが上がり、識字率が高まれば、やはり国内の南北問題、いわゆる格差の問題も少しずつ解決していくような気がします。途上国だからこそなのかもしれませんが、民衆が少しずつ賢くなってきているんですね。それにはネットよりも、ネットが通じないところでも聞こえるラジオの力が大きいような気がします。ペルーで日系のフジモリ大統領が文豪バルガス・リョサに勝てたのも、ケチュア語放送のラジオ局がフジモリを支援して、バルガス・リョサは資本家や銀行家の利益を守る候補だといって多くの先住民票がフジモリに流れたからです。

船戸　なるほど。じゃあ、アフリカの場合はどうだい？

関野　アフリカの場合は、いまのマリなどを見ていると、宗主国が既得権益、とくに地下資源の利権を確保しようと動いていますが、当分は欧米の言いなりに動いていても、やがて教育が進めば中南米と同じように民衆が賢くなっていくと期待しているんですけどね。そんな時代を迎えているのに、日本がアメリカべったりというのはまずいですよね。

船戸　まあ、アメリカそのものの国内的矛盾の進展や、世界史における相対的な地位低下ということもあるわけだからね。

政治がつくり出す「食料問題」

関野　もう少し視野を広げて、いまの世界が抱えている問題を挙げていくと、これはもうきりがなくて、たとえばエネルギー資源ひとつとってもシェールオイルの発見で一息ついたとしても、やがて資源はなくなってしまいます。人口増による食料問題も必ず起きてくる。この場合、資源や食料が実際になくなったときが問題なのではなくて、八割方ぐらいになったときには、その争奪をめぐって戦争が起きるといわれています。これもまた国家あるいは民族・宗教という枠組みあっての話ですが、そうした争いは大きなものになると考えますか？

船戸　争いの形や規模は正直わからないけど、そりゃ争いにはなるだろうね。その前にまず人口増についていえば、俺が大学に入ったころには三十六億の地球人口といわれていた。それが五十年ほどで約二倍になっているわけだから問題になるのは当然だよね。昔は疫病と戦争が人口調節の一種の機能を果たしていたけど、いまはそれもない。中国のひとりっ子政策のようなことをやるには強力な権力が必要だし、それはさっきも言ったように無理が生じる。となると、この人口爆発を止める方法がないわけで、生存のためには食料や資源の奪い合いが起きるのは、もう避けがたいところまできている。

そのうえ、この食料とエネルギー資源との間には妙な相関関係があって、たとえばモーリタニアの例だけど、周辺の紛争で土地を追われた難民が集まってくると、そこに国連が食料を補給する。するとそれを煮炊きして食うために難民が木を切って薪《まき》にする。あっという間に一帯が砂漠化して今度は砂漠化で家畜を失った地元民が難民となって首都のヌアクショットなどに流れ込んでくる。そこにまた国連などが食料を投下して国土の砂漠化はさらに進む。こんなふうに、食料を得ようとすれば森が壊れ、また食料を失うという二律背反性や悪循環の構造がすでに多くの場所で見えている。人口増と食料と環境という関係のなかで世界は砂漠化するしかないだろう。

関野　食料もそうですが、人間が消費するものの数量を人口増と絡めて調べた人がいて、それによれば、マルクスが『資本論』を書いたころと比べて、いまは二十六倍も消費が増えているんだそうです。人口は百五十年で五倍になっているのに対して、消費は二十六倍。これまでは消費が増えればそのぶん、人は幸福になると思われていたけど、二十六倍幸せになったかといえば、そうはなっていません。むしろ忙しくなったりして、苦しみのほうが増しているように思えます。それと、京都に総合地球環境学研究所というのがあるんですが、そこの研究者の計算では、いま世界中で一年間に生産される食料を世界の人口で割ると、一人あたり三三〇〇カロリーになって、ちゃんと均等に分ければその三分の一で足りるといっています。もしそうなればエチオピアやウガンダでも飢餓なんて起こらないわけで、食料問題はじつは量ではなく分配の問題だということがわかります。

報道などでは旱魃《かんばつ》や洪水などの天災で飢餓が起こったとされているけど、実際は政治のまずさというか、人災で飢餓が生じているわけですね。だから僕は、人口増でたしかに食料やエネルギーは減っていくだろうけど、まだやり方によっては人類の危機は先延ばしできるんじゃないかとも思っているんですが……。つまり人類の知恵とシステムの問題ですね。

船戸　人類規模での知恵が試されるというのはそのとおりだろうけど、まだ国家の枠があるなかでそんなシステムがどう構築できるのかは俺にはわからない。ただ、人口や食料の問題と配分の問題について、一般のイメージと現実が違うということや、その現実がじつは政治によってつくられるものだという好例があるから、それを話そうか。

一般に日本の満州進出は余剰人口の処理という目的があったとされ、なかでも東北の貧困層が対象になったと思われているけど、これは額面どおりじゃないんだね。幕末や明治初期に東北を旅した外国人の記録などを読めばわかるけど、じつは東北はびっくりするぐらい豊かなんだ。たとえばそのころ、薩摩の百姓なんか、米はお上に納めるもので自分ではろくに食っていないというのに、東北では農民が米は食ってるわ、酒まで飲んでいるわで、両方を見た外国人はその違いにびっくりする。

東北が貧しいというイメージができたのは、明治維新後に道路や鉄道の建設整備が西日本優先で進み、東北が後回しにされたことと、その間、徴兵制が敷かれて人的な資源が中央に吸い上げられ、生産力が落ちた結果であって、まさに政治的につくられた配分の偏りによる貧困だったわけだ。そして今度はその貧困を解決するためにという名目で満州が登場し、そこへまた東北の人間が送り込まれて東北の貧困というイメージが増幅される。政治の失敗がひとつの問題をつくり出すと、今度はその結果がまた政治に利用されて、日本の場合はやがて破滅に至ったという、こうした悪循環が歴史にはあり得るんだな。

関野 それはいまもあり得るし、将来もあり得ますね。未来への道を考えるときには、そうしたことも知っておかなければいけないということですね。

欲望と「成長」は抑制できるのか

関野 考えてみれば、これまで歴史を根底で動かしてきた大きなものといえば、やはり人間の「欲望」ですよね。さっき消費の総量が百五十年で二十六倍にも増えたと言いましたが、それは欲望が煽られた結果だと思いますし、このままいけば、たとえ分配の問題が解決されたとしても、やはりいつかは食料も資源も足りなくなる。分配の問題が解決されない現状のままだと、破綻はさらに近い将来に予測できます。僕はこの人間の「欲望」をどう制御できるかが、人類が生き延びられるかどうかのカギを握っているように思えて、それができるのは「宗教」しかないんじゃないかと考えているんですが、この「欲望」の問題と、それを抑制する手立てということについては、船戸さんはどう思いますか？

船戸　人間の欲望というものについての大上段の議論は置くとして、俺は最初に中国に行ったとき、通訳の男からこんな話を聞いたことがあってね。その通訳は文革時代に下放されて農村に暮らしたらしいんだが、そのときは日々が重労働で、労働以外の生活といえば毎日、一汁一菜の粗食を食って三本のタバコを吸って、あとは寝るだけ。そんな生活が何年も続くと、その間はもう何も欲しくなかったというんだ。ところが文革が終わって都会に戻り、鄧小平の時代になったとき、自分は人間というものの本質がわかったというんだな。

つまり、人というものは何も持たなければそれでいいが、ひとつ持ってしまうと二つ持ちたくなる。物欲というものは止められないものだと悟ったと。これ、いまの中国を象徴するような話だろ？

関野　たしかに、いまの中国は人間の物欲が爆発しているような状態ですからね。儒教を宗教と見るかどうかはともかく、「足るを知る」という精神が生み出された国での現実がこれですから考えさせられます。

　ただ、これは僕の実体験ですが、エチオピアのアファールというところに行ったとき、二百頭ぐらいの羊を飼っているイスラム教徒の牧畜民に出会って、ごく自然に日本人的な感覚で話しかけたんです。「羊がもっと増えたらいいですね」って。ところがその人は「いや、これは神からの預かりものだから、これでいいんだ」と答えるわけです。生活の手段である羊を神からの預かりものと捉えることで、完全に欲を抑えられている。これって宗教の力ですよね。彼らは天国を信じていて、現世はせいぜい八十年だけど、天国へ行けば永遠。それは功徳を積んで、よりよき来世を願うミャンマーや東南アジアの仏教徒も同じで、僕は彼らを見て、宗教こそが際限のない物欲や消費に歯止めをかける切り札になるんじゃないかと思っているんですが……。

船戸　ところが、地球上で最大人口を誇る中国にはその宗教がない。いまでも法輪功に属しているだけでぶち込まれる国だし、先日のマヤ暦の終末論を流布した連中も徹底的に弾圧された。中国では王朝が変わるときには白蓮教などの宗教が絡んできた歴史があるけど、それが膨らんでくるかというと、いまの状態からは考えにくいね。「足るを知る」というような精神の復興、あるいは儒教の復興ということも現実には難しいと思う。もともと儒教というのは権力者にとっては使い勝手のよいものだったというか、根本精神は別として、そういう使われ方をしてきたものだったから、再浮上するとしても同じような使われ方をするんだろうな。宗教に期待したい関野の考え方はわかるけど、その力が現実に及ぼす影響という点では、全世界がそこへ行くまでの間にはさまざまな壁が立ちはだかっている。

関野　つまり、人間の欲望は止められないし、消費も止められない、となると、世界中がいわゆる「経済の成長」というものを続けるしかないわけですが、船戸さんはそういう成長が続くと思いますか？

船戸　そりゃ、どんどん成長するということが続くわけないよね。成長、成長と言っている連中は、十八歳で伸びなくなった自分の背を、二十五歳になっても三十歳になってもまだ伸ばしたいと考えているような連中だと、俺は思っているよ。

関野　では、そういう野放図な成長、あるいは成長論が止まるときというのは？

船戸　これまでの歴史を見ると、そういう状況を大きく変えるのは、やっぱり戦争なんだよね。それと、いわゆる経済的破綻というやつだが、いまはこれを異様に恐れるあまり、強迫観念として「成長」が叫ばれる現実がある。

関野　以前は低成長路線を唱える政治家もいなかったわけじゃないけど。

船戸　石橋湛山の「小日本論」とかね。いまはそれをいう人間もいない。そうしたことを説く学者の本などはあっても、ほとんど影響力はない。とくにいまは国の借金が膨らむ一方の財政悪化という現実があるからだけど、これほどマイナス成長にみんながビクビクしている時代はなかったんじゃないかね。

関野　経済の破綻が国家の破滅を意味すると考えているからですかね。

船戸　ただね、南米なんかではデフォルト（債務不履行）をやった国がいくつもあるけど、それで国がつぶれた例なんてひとつもないんだよ。

関野　そうですね。エクアドルなんかは優秀な大統領がまずやったことが、借金は返さないという宣言。一割なら返すといったら、一割でも返ってくるならと債権者はみな飛びついた。おかげで借金はなくなって身軽になった。そういう実例などもあるわけですが、いまの日本では、「孫子の代に借金は残すな。そのためには成長だ」という論法で成長路線ばかりが大声で叫ばれている。しかし、このいま、孫子の代のためにわれわれが考えなければならないのは、そんな「お金」のことばっかりなんですかね。もちろん債務を減らし財政を健全化させる努力は必要だけど、もっと根本的に、もっと広い視野で「子孫に残すべきもの」「残すべきでないもの」を考えるときじゃないかと思うんですが……。

船戸　たしかに、いまの動きは根底の発想も論理もみみっちいわな。

「闇」も「物語」も失われていく時代に

関野　さっき船戸さんは、国なり世界なりの硬直した状況や方向性を大きく変えるのは戦争なんだという意味のことを言われましたが、そうしたことも含めて、今後の日本や世界の動きにどんな展望を持っていますか？　リアルな現状認識から類推するところを、ぼんやりとでもいいんですが。

船戸　ぼんやりも何も、最初に言ったように、俺はＩＴというものがわからないからね、このＩＴのさらなる進展というものを前提に置かない未来予測なんて意味ないだろ？　そこからいえば、俺には正直、先はまったく見通せないね。それだけじゃなくて、まだ電気がない時代には想像もできなかったことが、電気にいろんなことができるとわかってからは想像できるようになったのと同じで、いまの人間の想像力を超えた想像力が、ひょっとしたらＩＴを土台に生まれてくるんじゃないか。

関野　ただ、ＩＴがどれだけ発達して社会に影響を及ぼしたとしても、そこで生きていくのはあくまでも生身の人間ですからね。その人間の本来の能力や自然な姿までが、ＩＴを先端とする文明というものに奪われていく現実があって、僕はそれもまた人類生存の危機をもたらす要因になるんじゃないかと思っているわけです。だから、いまもアマゾンの奥地や世界の辺境といわれるところで自然とともに生きている人々の知恵や能力や考え方が、人類の未来のありようにも何らかのヒントになり得ると信じているわけで……。

船戸　それは一部よくわかる。たとえば都市で暮らしていると、夜、星の光でものなんか何も見えないだろ？　だけどアフガニスタンなんかにいて目が慣れてくると、山の稜線がわかるんだよね。人口の光のなかで暮らしていると、そういう能力が退化していく。それは視力という感覚器官の退化だけでなく、想像力の退化にもつながっていくだろうし、生存する力の衰退にもつながっていく。

関野　都市の人間というか、文明圏にいる現代人の多くは月の明るさも知らないですからね。逆に漆黒の闇も知らない。

船戸　そう。現代は「暗闇」というものが地上から失われていく時代だし、その状況はこれからもっと進むだろう。加えてＩＴが社会からも「闇」なるものを奪っていく。しかしね、これまでの人間の歴史を考えてみると、夜の闇こそが「恐れ」といった感覚とともに人間の想像力を生み、思想を鍛え、人の心をつなぎ、謀議も進ませ、状況を動かす母胎となってきたともいえるわけだ。

人間の知恵というか、人類の英知の発生のそもそもは、夜の闇の存在と、そこへの恐れとそこからの希望を抜きにしては語れないし、その闇に鍛えられた思想や権謀術数だからこそ、明るみに出たときに、強く時代を動かす力になったといってもいい。その暗闇がない時代になって、いったい人間はどうなるのか。政治はどうなるのか。文化はどうなるのか。ITがどうこうというより、闇の力を失うことが人間の想像力も創造力も奪っていくことになるんじゃないのかな。まずは闇というものがないと「物語」は紡げなくなるしね。われわれはいま、その「人間の物語」が消えていく歴史のなかにいるんだと、俺はそう思っているね。

関野　人間の営みや歴史が物語的に展開することがなくなるということですか？　それは船戸さんみたいな作家じゃなくても、たしかに面白くはないですね。

船戸　面白いか面白くないか、何かが大事か大事じゃないかではなくて、それは歴史の流れだからしょうがないことだよね。われわれはいま、世の中から闇が消え去り、物語が消え去る歴史のなかに生きている。ただ、そうした俺の認識からいえば、関野は人類の未来について語ろうとしているけど、はたして闇なき世界に未来などあるのかと、そんなふうにも思えてくるね。それを言っちゃあおしまいだよと言われそうだけどな（笑）。

関野　いいえ、貴重なヒントも含まれている見解だと思います（笑）。

（構成・岡村 隆）

世の「毒」を食らった若者にこそ可能性はある

藤原新也（写真家・作家）

ふじわら・しんや

一九四四年、福岡県生まれ。東京藝術大学油画科を中退し、二十代から三十代にかけてアジア全域を放浪。1972年に処女作『印度放浪』を発表する。七八年、『逍遙游記』で第三回木村伊兵衛賞受賞。八二年、『全東洋街道』で第二十三回毎日芸術賞受賞。著書に、『東京漂流』『乳の海』『末法眼蔵』『千年少女』『なにも願わない手を合わせる』『日本浄土』『メメント・モリ』『書行無常』など多数。オフィシャルサイト「CAT WALK」（http://www.fujiwarashinya.com/）も運営している。

自然のなかのモラル

関野　藤原さんは、二十代のころからインドやチベットをはじめ、アジア全域を旅してきましたよね。私も一九七〇年代からアマゾンの先住民マチゲンガやヤノマミの人たちのもとに通い続けてきました。いま振り返ると、自然を破壊せずに、自然に寄り添うように生活する彼らの生き方、考え方に惹かれたんだと感じています。

私たちが育ったのは、日本という国が経済成長を最優先させて、自然環境を破壊していった時代でした。道路とともに電線や電話線、ガス管、水道管などが国中に張り巡らされ、その後の日本人は、その「管」や「線」がなければ生活できない状態になっています。いや、日本人だけじゃなくて、世界中の先進国は同じような状況です。

ただ、あらためて考えてみると、すべての線や管を取り除かれてしまっても、アマゾンの先住民を見ればわかるように、人間は死にはしませんよね。しかし、自然を完全に失ってしまったら、人間は死に絶えてしまう。それなのに、いまだに日本は自然破壊と引き換えの経済成長を目指しています。そんな危機的な現状を見るにつけ、私は、いまの日本人に本当に必要なのは、マチゲンガやヤノマミのように自然に寄り添って生きる人たちの知恵なんじゃないか、そう思えてならないんです。

今日はそうした現状の話から始めて、自然と人間の関係、人類社会の将来像などについて藤原さんと語り合えればと思っています。

藤原　なんだか壮大なテーマになりそうですね。たしかに僕も、いまの日本人は自然から離れてしまっていると感じます。われわれが子供のころはもっと自然が近かった。自然のなかにある動かしがたいモラルや構造を自分の身体のなかに写して、生きる基準というか、社会や人間の規範をつくってきた。

人間を含めた動物の脳には、欲求が満たされたときに活性化する報酬系と呼ばれる神経系があります。アマゾンの先住民もそうですが、森や川に行けば、魚や獣、果物などの「報酬」が得られるのを、経験として知っている。僕らも幼いころ、野山を駆け回って野いちごやキノコ、柿を採って食べたりしましたよね。でも、そこでは報酬だけが得られたわけではない。野いちごのトゲが刺さったり、渋柿や毒キノコを食べてしまったり……。報酬だけではなくて、「罰」が存在している現実を、われわれは自然のなかで遊びながら学習していたわけです。けれども、自然から離れた都市生活では、欲求とつながるのは報酬系一辺倒。人間はあえて自分から罰系のシステムなどつくらないわけだから。罰がない都市で育つ子供は、自然が持つモラルや構造を学習する機会がないんじゃないかと思うんです。

関野　日本は、地震や津波、あるいは台風などが頻繁に起こりますが、そこからは自然が持つモラルや構造を学べないんでしょうか。

藤原　大きな自然現象には、まだ罰系のシステムが残されてはいますね。しかし問題なのは、個人が接触できる身近な自然に、そういうシステムを学ぶ場がなくなってしまったことでしょうね。

関野　とすると、自然とのつき合いからつくり上げられてきた社会や人間の規範が、現代では役に立たなくなったともいえますね。

藤原　そのとおりです。

関野　解決方法はあるんでしょうか。

藤原　僕は、こうなったらもう、自然と離れたところで新たに、人間や社会を律する理念を創り上げるしかないんだと考えています。

たとえば、インドのヒンドゥー教は、自然のなかのモラルや構造を、社会や人間の身体に写実した宗教です。ガンジス河で沐浴するのは水を、サドゥ（行者）が身体に泥をつけてあちらこちらを歩くのは大地を、身体に写し取る行為だと感じます。言い換えれば、自然のなかのモラルを体内に取り入れて、人間生活を止揚しているといえるでしょう。自然の化身といえる神々を創り出して人間や社会の行動を律するのが、ヒンドゥー教です。

一方、中東の砂漠で生まれた一神教のイスラム教は、偶像を持たず、自然を写し取らない宗教です。砂漠では地面の砂に文字を書いても、風が吹けば消えてしまう。自然のなかにあるモラルや構造は規範にできない。だからイスラム教では、「想念」のなかに神を持って自分や社会を律しているわけです。

関野　そういえば、自然が失われた都市も、砂漠にたとえられることがありますね。たとえば「東京砂漠」というように。

藤原　そう。だからいまは、人間や社会を律する理念を、何かわれわれの想念の内に、新たに創り上げるしかないのではないかと、まだ漠然とですが僕は考えているところです。砂漠の宗教であるイスラム教をたまたま引き合いに出したけれど、現代の都市では、人間や社会の規範にしてきた自然がなくなったわけですから。

自然とのいびつな遭遇

関野　自然を身体に写して、人間や社会の規範にする……。それは、日本でいえば、アニミズム、八百万《やおよろず》の神ですね。そう考えると、日本人はもともとインド人型だったといえそうですね。

藤原　日本に仏典が入ってきたころ、利根川は、ガンジス河と同じだった。インドと日本は一体化した風土だったんです。

関野　どういうことでしょうか。

藤原　つまり利根川にも死体が流れていた。岸辺に打ち上げられた死体を犬が食っていた……。だから仏典にあるガンジス河の真砂——ガンジス河の岸辺の数えきれないほどの数の砂粒よりも多い御仏という意味ですが、そんな言葉も自然に解釈できたんです。

関野　しかし自然を失ったいま、その言葉の意味も理解できなくなってしまっているかもしれないわけですよね。それならば、日本人は自然のなかにある規範を取り戻すために、自然を回復するべきなのではないですか？

藤原　僕らのように自然を身近に感じる環境で育って、ある意味でおいしい思いをした世代が、若い人たちに対して「自然に帰れ」と言ってはいけないと思うんです。わかりやすいアジテーションだし、簡単に言えてしまう。でも、それを言っては何も始まらない。

よくある話ですが、団塊の世代が、デモをして機動隊に石を投げたと若い人たちに自慢していたとします。「だから、お前たちももっと現実に抵抗しろ」と。でも、いまは、路上に石が落ちていますか？　投げる石も徹底的に管理されている、そんな時代になっているわけですから。それと同じで、自然を享受してきた世代が、若い人たちに「自然に帰れ」というのは、僕は酷だと感じますね。

そもそも日本では、いや世界中、この数十年、自然の力が急激に落ち込んでいると痛感しています。僕は、房総半島の自然を二十五年ほど定点観測しているのですが、この十年、二十年の変化はすさまじい。漁師たちも必ず「昔はよかった」と口をそろえて言います。

実際に僕が山や磯に行っても、音が聞こえない。静かでシーンとしている。昔は、生き物が蠢《うごめ》いているざわつきを感じたものですが、いまはそれがない。かつては夏になって林に入ると、クヌギの木から樹液が滴っていて、カブトムシやクワガタが群がっていた。けれども、最近は甘い樹液の匂いを嗅ぐこともなくなった。音も匂いも、生き物の気配も消えてしまっているんです。

関野　ただ反面、野生動物がいびつな形で私たちの前に姿を現すケースが増えていますよね。農村や山村で野生動物が農作物を食い荒らす被害が多くなっています。クマやイノシシ、シカ、サルが、人里まで下りてきている。その原因を説明するのに、「森が開発されて野生動物が住む場所が失われているからだ」と指摘する人もいますが、じつはそれは違うんですね。少子化や高齢化で農村や山村が弱っているんです。農村に力がないから、クマもサルも人を恐れなくなってしまった。

藤原　たしかにこの五、六年、僕の知り合いもイノシシに畑を荒らされて困っています。僕の家の周辺も荒らされて困っています。ミミズを食うために土手を崩す。コンクリートを剥がすほどの力です。イノシシは本当に勘がいい。人の気配がすると絶対に出てきませんから。猿害もそうだけど、イノシシにもお手上げだと言っています。

関野　それは若い世代が、自然から、そして一次産業から遠ざかってしまった結果だともいえますよね。私は、農村や漁村の復活がひとつのカギだと考えていたのですが、藤原さんがおっしゃるように若い世代に対して「自然に帰れ」とはいえない状況だとすると……。

藤原　でも、僕はそれほど現状を悲観的に見てるわけではないんですよ。いままでわれわれが持っていた生き方や価値観とは違った尺度を持った若者が出てきていると感じます。そこに、われわれからは推し量れない希望や可能性があるんだろうと思うんですね。

最近、僕の姉や兄たちの小学校時代の集合写真を見ていて、気がついたことがあるんです。一番上の姉の時代の小学生は、ほとんどみんな裸足で写っています。下の姉の年代になると、靴をちらほら履いている子がいる。すぐ上の兄の代はほとんどが履いていて、僕の時代になると裸足の子はいません。写真を見比べていて、履き物は物質的な豊かさを表しているんだなと思いました。

日本は戦後、何も持たない乞食のような状況から出発した。そしてアメリカの豊かさを目指して、一九六〇年代、七〇年代に経済的な成長を遂げた。そんな時代を生きた世代が、いまも日本を動かしているわけです。経団連の会長の米倉弘昌氏などはその象徴です。このエコノミックアニマルと外国から名指しされた世代が社会を動かしているうちは何も変わらない。変わるとしたらその後でしょうね。

〝草食男子〟の希望

関野　その世代が、経済成長だけを最優先して行き着いた先が、福島第一原発の事故でした。あの事故があって、経済成長一辺倒のあり方にはみんな懲りたんじゃないかと思ったけど、二〇一二年十二月の衆議院議員総選挙でも三分の二以上の有権者が「原発推進派」といっていい政党に投票した。政治の世界では、経済成長を続けるべきだと主張する政党ばかりだし……。このままじゃ、経済成長のためにいつまでも「消費」が煽られ、「欲望」が煽られ続けて、資源の枯渇や食料不足の不安が言われるなか、とんでもないことになってしまう。そんな危機感を覚えました。

でも、一面ではたしかに藤原さんがおっしゃったように、私の教え子を見ていても、いままでの生き方や価値観とは違った尺度を持つ若者たちが増えているな、とは感じますね。

藤原　そうでしょう？　私の周囲にも物質的、経済的な豊かさではなくて、別の角度から生きる意味を考え始めている若者たちがたくさんいます。一般論でいっても、いまの四十代の世代までは、会社に忠誠を尽くして、がむしゃらに働いて収益を上げて、持ち家を持って……というひとつの幸福の、人生の形があった。けれど、いまの若者は会社をパッと辞めてしまう。もちろん忍耐力のなさもあるのかもしれない。ただ、それだけではないと感じます。かつての世代とは、生き方、幸福の尺度が明らかに変わってきている。

たとえば、僕が写真を撮った女の子が、いい成績で一流大学を卒業して大手のビール会社に就職した青年と結婚しました。彼の担当は品質管理で、ベルトコンベアーに載って流れてくるビール瓶が百本に一本くらいの割合で倒れるらしい。これがおかしなことに倒れた瓶は全部廃棄処分にする。かなり膨大な数になるというんです。

廃棄するたびに瓶の割れる音を聞いていた彼は、自分の仕事が無意味に思えて、結局、給料も待遇もいい会社をやめてしまった。

そして、いま整体師の仕事をしているんですよ。もともと彼はアトピーで苦しんだ経験があるから、整体を通して身体の不調に悩む人の力になりたいと話していました。収入は十分の一に減ったけど、躊躇なく新たな道を選んだ。金より生きる意味を選んだ。こういうのは昔の世代にはありません。

僕は真っ当な選択だなと感じました。彼らの世代が社会を動かすようになったら、低成長社会にはなるだろうけど、いままでとは違う尺度で幸福や生き方を考える時代になるかもしれないという淡い期待が僕にはある。低成長の美学や価値観が提示されていく社会に――。

関野　じつは私も、同じことを考えていたんです。最近よく話題になる〝草食男子〟が、希望なんじゃないか、と（笑）。

車も家もいらない。結婚もしたくないし、子供もいらない……。僕らの世代はその逆でしたよね。何でもかんでも欲しがった。

〝草食男子〟は覇気がない。いまどきの若者は……と説教する人たちは多いけど、別に物欲に対して覇気がなくてもいいじゃないかと思うんですよ。私たちの世代は、大量にモノをつくり、消費してきたから、若者たちに我慢を強いるのはずるい気もするけど、自然にそうなったんだからいいんじゃないかと思います。そんな〝草食男子〟が世の中の主流になったら、日本は間違いなく変わるでしょうね。でも自立心とか責任感は必要ですけどね。

藤原　まあ、でもあまりにもお人よしすぎるから、この世界で生きていけるかと心配にはなるけどね（笑）。

数日前の話なんですが、家の前でポケットから鍵を出そうとしたら、千円札がポロッと落ちちゃったんですよ。すると、僕の後ろを歩いていた二十二、三歳の青年が「落ちましたよ」と千円札を拾ってくれた。そのときのニコッと笑って渡してくれた笑顔が忘れられないんです。心からの、本当にいい笑顔なんですね。四十代、五十代で、こんなにきれいな笑顔をできる人はいないだろうなと思った。若い世代は生き方とともに、立ち居振る舞いもエコノミックアニマルの世代よりずっといい。

関野　そうですね。私の周囲にも給料は安くていいから自分の時間を大切にできる仕事をしたいという学生が増えています。農業や漁業など一次産業に目を向け始める若者も多い。行くところまで行った経済最優先の生き方に対する揺り戻しなんじゃないか、という気がしています。

それと、少し話は戻りますが、最初に藤原さんが言っていた報酬系という私たちに快感を与えてくれる神経系には、じつは二種類ありますよね。喉の渇き、食欲、性欲、睡眠欲、排せつ欲など生物学的で短期的なものと、他の人に誉められること、愛されること、尊敬されること、必要とされることなど、社会的で長期的なものがあるわけで、そのうち、私を含めて四十歳代以上の人間は、前者の、どちらかというと生物学的な物欲が満たされることで幸福を感じていたのではないでしょうか。メディアや広告代理店に煽られて、3C（カラーテレビ、車、クーラー）とか言われるものを増やすことで幸せを感じていた。もちろん一部の人たちはそうではないことに気がついていたのでしょうが、いまの若者たちは最初から物欲には興味が低くて、後者のほうを重要視した生き方をしているように思えるんです。嫌われることを怖れるあまりに本音で話したりせず、喧嘩もできないという、うまくいってない面もありますけどね。ただ、それも含めて、これはやっぱり生き方の揺り戻しなんだなと感じます。

五感を取り戻す

藤原　価値観や生き方の「揺り戻し」については、僕も感じています。この十数年でカメラが一気にデジタル化しましたね。そのデジタルに真っ先に飛びついたのは、ずっとフィルムのカメラを使っていた四十代以上の人たちでした。逆にフィルムにこだわっているのは、二十代、三十代の若い世代に多い。若者たちはアナログに癒やしを感じて、そこに傾倒している。バーチャル化している社会のなかで、本来の身体感覚を取り戻したい。そんな揺り戻しなのではないか、と思うんです。

関野　なるほど。私も身体感覚――五感は使わないとどんどん衰えていくと実感していたんです。二〇〇九年から一一年まで手作りのカヌーでインドネシアから石垣島まで海の旅をしましたが、それはGPSもエンジンも使わず、風と潮の流れ、そして自分たちの腕力だけに頼った航海でした。そのとき、都市生活でいかに自分が五感を使っていないかと、つくづく思いましたよ。

藤原　その身体感覚というのは、きっと動物的な本能、勘といってもいいかもしれませんね。僕は三カ月ほどチベットのゴンパ（仏教僧院）で過ごした時期があるんですよ。周囲は岩山ばかりで、外の情報が一切入ってこないような場所でした。で、そのゴンパには「電信室」というものがありましてね。でも部屋のなかには機械も何もない。何をする部屋なのか、不思議に思っていると、そこでは僧侶が瞑想していました。

そして翌日のプジャ（祈り）が終わると、電信室で瞑想していた僧が「どこそこのゴンパから誰それが何人来ます」と報告するんです。通信手段がないのに、ですよ。僕は本当かなあ、と半信半疑で待っていました。すると一週間後、彼が話したとおりに僧侶たちの一行がやってきた。

本当にびっくりしました。超能力やオカルトの類ではなくて、彼らにはそれが当たり前なんですよ。

関野　そうですか。いや、アマゾンのジャングルで狩猟採集を続けている人たちもそうでした。一緒にいると、超能力としか思えないような勘を働かせる場面に出くわします。長年つき合ってきてわかったのですが、それはさまざまな蓄積、経験が働かせている勘であり、総合判断力といってもいいと思うんです。それがわれわれには、超能力に見えたりする。

アマゾンの先住民が持つ野生動物や植物に対する知識には本当に驚かされます。専門の生態学者たちが彼らを〝森の博物学者〟と呼ぶほどですからね。たとえば焼き畑にしても、その森に繁っている草木に合わせて混植する。森の仕組みを真似て、絶対に森を破壊しないように作物を栽培する。一種の超能力のようにも見えたりしますが、それも総合的な判断力がなせる技ですよね。

藤原　以前、関野さんが撮影した極北で海獣を捕獲して生きる先住民の写真を拝見しました。彼らもきっと天候や海の状況、水温、波の様子……さまざまな状況を総合し、五感を総動員して狩りをしているわけですよね。そういう勘というか、動物的な本能は自然のなかで鍛えられるものなのかもしれませんね。

先ほど、関野さんは五感は使っていないと退化すると話していたけど、僕にも同じような体験があるんですよ。

やはりチベットのゴンパにいたときのこと。手帳を持っていたんだけど、一週間後に見てみたら、紙にいくつも穴が開いていたんです。どうしたんだろうと不思議に思っていると、それから一ヵ月後、ゴンパの部屋にいるとき突然、音が聞こえてきた。何ごとかと思ったら、手帳の紙をごま粒よりも小さな虫が食べていたんです。それからはずっと虫が紙を食う音が聞こえっぱなしだった。

関野　聴覚が回復したんですね。

藤原　ええ。それまではまったく聞こえていなかったからね。われわれの五感は相当退化しているんだなと気づかされました。

毒を抱え込んだ世代

藤原　身体感覚の退化ということと関連しますが、先日テレビを見ていたら、ネット文化に詳しい津田大介という評論家がこんな話をしていました。

「フェイスブックやツイッターで人と簡単につながれる時代になって、東京と九州の人でも常に交信できる。だから、十年ぶりに会ってもその間の情報交換がすでにできているからムダがないつき合いができる」

あーあ、つまらない世界になったもんだと思った（笑）。旧友と十年ぶりに会ったらもう本当に興味津々で「おい、いままで何やっていたんだ?」って話をしたいじゃないですか。積もる話を朝まで語り明かす。こんなにワクワクすることはない。そこには、再会の感動がある。それに実際に声を聞き顔を見て話すのと、フェイスブックやツイッターを通した文字だけのコミュニケーションはまったくの別ものです。これは旅にもいえることですが、情報を過剰に持つことは感動を失うことです。

関野　その評論家はムダだというけど、ムダがあるから面白いんですよね。僕は二〇一二年の夏に、久しぶりにアマゾンの先住民家族に会いに行きました。そこに初めて足を運んだのは四十年前で、当時は日本を出てから集落に着くまで最短でも十日かかりました。その後も何度か行っていますが、いつも事前の連絡など取りようがなかったから、突然訪ねるしかなかった。でも、今回は、町と無線が通じていた。無線で「いまから行く」って話したんだけど、拍子抜けしました。なんだか会いに行く楽しみがひとつなくなっちゃったみたいで……。

それにみんな携帯電話を持っていて、集落から少し離れた国道まで出れば通話ができる。しかも携帯電話には世界中の音楽が入っていて、彼らはそれを聞いている。何もかも変わったんだな、と寂しかったですね。私も携帯電話を昨年から仕方なく持っているんだけど、本音をいえば、みんな持たなきゃいいじゃないかと思っていますから（笑）。

藤原　携帯というツールは憎い（笑）。でも、持たざるを得ないわけでしょう。公衆電話がないに等しい時代になってしまったから。たまに持たないことを妙にプライドのように思っている人もいるけど、それは自分本位で周囲に負担をかけていることに気づいていない。

ただ、今後、携帯電話がなくなることはないと思うけど、若い世代からは、フェイスブックやツイッターなどの情報過多なコミュニケーションを拒否する人たちが出てくる気がしているんですよ。新聞も読まない、テレビも見ない、インターネットもしない、ゲームもしない……。「底付き」という言葉があるけど、底付きのなかでそんな反動的な若者が軽やかに出てきて、そいつが妙にかっこいいという、新たな文化を創り出すんじゃないかっていう予感がどこかにある。十年ぶりの再会の感動や喜びを取り戻したいというね。人間の五感や脳を錆びつかさせてしまう世の中が「臨界」に達したのに気づいた人たちが、あちこちに出現するんじゃないか、とね。僕はそれに期待しているんです。

関野 そんな若者たちが自然に出てくるものでしょうか。

藤原 出てくるんじゃないかと思っています。僕は、人間とはそういうものだと思っているから（笑）。けれど、それは僕らの世代ではないでしょうね。僕らは中途半端すぎる。出てくるのは、携帯電話やインターネットが子供のころから当たり前で、携帯文化やネット文化にどっぷり浸かって、辛酸をなめ尽くした底付きの世代――。いまの十代、二十代のなかからでしょうね。

どんな形でかはわからないけれど、いずれにしても、五感や脳を錆びつかさせてしまう世の中が臨界に達したら、彼らはそれを取り戻そうとするんじゃないかな。チベットの僧侶のように携帯電話を持たずに百里先の人たちの行動を読める。そんな力が身体のなかには眠っているわけだから。超デジタルの現代から超アナログの価値観を提示するような人たちが現れると期待しているんです。

関野　藤原さんは、先の社会を楽観的に見ているわけですね。

藤原　僕は昔から人間というものを信頼しているから、楽観的だね。若い人を見ていると、彼らのなかで何かが「ざわついている」のがわかります。携帯電話やスマートフォンを持たざるを得ない時代のなかで、矛盾を抱えて生きているように見える。逆に疑いもせずに、フェイスブックやツイッター浸っているのは、中年以上が意外に多いですよ。

僕はいまの若い人について、よくダイオキシンと絡めて話すんです。若い人たちは生まれたときから毒を身体に溜め込んでいる。僕らの世代よりも、間違いなく毒を抱えている。でも、そのダイオキシンが、マイナスをプラスに転換して新たな文化を生み出す原動力になるのではないか、と。

関野　先ほど藤原さんが話したビール会社を辞めた青年もアトピーだったんですよね。アトピーも現代病です。でも、彼は毒を抱え込んだことで、いままでの価値観とは違った人生を選んだといえますね。そこに希望があるのかもしれない。病んだ世の中に対して決定的な処方箋を出すのは難しいといつも感じていますが、今日は藤原さんの楽観論をうかがえて本当によかった。

藤原　僕ら死が近づいている人間が若い世代に残すべきことは、悲観論じゃなく、大丈夫だという楽観論だと思う。そういうアジテーションを繰り返して発信していると、本当にそれが現実となるという、言葉の力をいやというほど知ってますから。

（構成・山川 徹）

草食男子の静かな暮らしが、「人類生き残り」の戦略となる?

池澤夏樹（作家）

いけざわ・なつき
一九四五年、北海道生まれ。埼玉大学理工学部中退。小説やエッセイのほか、詩や書評、翻訳の分野で広く活躍。芥川賞、谷崎潤一郎賞、小学館文学賞、毎日出版文化賞など、受賞多数。二〇〇七年には紫綬褒章受章。代表作に『スティル・ライフ』『マシアス・ギリの失脚』『楽しい終末』、翻訳に『星の王子さま』（アントワーヌ・ド・サン＝テグジュペリ）『テオ・アンゲロプロス シナリオ全集』、近著に『双頭の船』『氷山の南』などがある。

いま精神的なものを提案してみんながついてくるか?

関野　いまはスイスに本部を置く有名なシンクタンクの「ローマクラブ」が一九七二年に発表した『成長の限界』では、地球上の資源は有限で、このままいったら危機を迎えると指摘されていました。それから四十年、私たちはすでにその危機的な時代に突入していると思います。国立科学博物館での「グレートジャーニー展」(二〇一三年三月～六月開催)では、そのことを念頭に、私がこれまでつき合ってきた経験から、先住民がいかに自然環境に適応しているかを紹介しています。自然と調和して生きてきた彼らの考え方や知恵のなかにこそ、われわれがこれからの危機の時代を生きていくうえで参考になることがたくさんあるように思ったからです。今日は、「私たちがこれから生きていくにはどうしたらいいのか」という「人類の生き残り戦略」を、いろいろなところに行かれて、いろいろなことを考えてこられた池澤さんと一緒に語り合ってみたいと思います。

まず、私は最近、これからの人類のありようということについて、ひとつ考えたことがあるんです。最近はよく「草食系男子」とか「草食系」という言葉を批判的なニュアンスで耳にしますが、じつは人類にとっては、草食系といわれる若者が増えたほうが、むしろいいいんじゃないかと思ったんですね。まず、草食は肉食よりも食料効率がいいし、結婚したくないとかセックスしたくないのなら、それで人口問題も改善する。僕らやその前の世代が求めた大量生産・大量消費とは違って、草食系はつつましく静かな生活を求めている。これから人類が向かう方向としてはなかなかいいのではないでしょうか。もちろん自立して、責任を持って行動するということが前提ですが。

池澤　僕は三・一一（東日本大震災）のあと、「ニュー・ポバティ」（新しい貧困）という言葉を提案したんです。これからはみんな貧しくなる。その貧しさを新しいものにしていく。貧しさに慣れて、うまく使いこなしていく。これから世の中はそちらにシフトするんじゃないか、それならそれでいいではないかと書きました。しかし、まったくそうなりませんでしたね。

僕の本で『パレオマニア』（集英社）というのがあります。原理はこうなんです。まず、ロンドンに行って、大英博物館で、たとえばメソポタミアのものを三日くらいかけて全部見る。そして、気に入ったものを二つほど選ぶ。そうしたら、実際にメソポタミアに行って、それが作られた場所と残っている遺跡を見る。このパターンの旅を十三回やりました。古代遺跡ばかり見て回ったんです。まさに「古代妄想狂《パレオマニア》」なんです。

それでわかったのは、文明という概念はあまりに物質に依りすぎているということ。だから滅びる。大きな町を造って、周囲の木材を燃やし尽くすと終わる。古代文明は、ひとつの文明が滅びても、ほかの文明があったから人類全滅には至らなかった。でも、いまの文明は全部つながっているから、全部終わってしまう危険がある。

文明とは食料生産が効率的になって余剰ができて、自分が食料生産に従事しなくても食べていける人たちが出てきて、彼らがつくったものです。だから農村文化はあっても農村文明はない。絶対に都市なんですね。狭いところに人がたくさん集まって、密度が高まって、出会いが増えて、ICと同じで小さくすればするほど効率が上がって、面白いものがどんどん出てくる。そういうのが文明というもの。これは、非常に遠くからの見方です。

中国とインドはどう違うかとか、それぞれの文明のなかに入れば、さまざまな違いがあるんだけれども、そんなことは全部横に置いておいて、要は食料生産に携わる住民がいて、そうではない都市民がいるわけです。都市のほうがずっと面白い。だから人は都市に集まる。すると農村が空っぽになっていく。いまの中国政府も農民の都市移住を必死に抑えているでしょ。そういう意味では都市というのは非常に魅力的なものなんだけれども、どこでも長くは続かなかった。ローマ帝国のようにあれほど大きくなったものも、結局バラバラになってしまった。

『パレオマニア』のために、あっちこっちを見て回って、なんとなくそういうことを感じながら、最後にオーストラリアに行ったんです。アボリジニ。彼らは文明をつくらなかった。移動生活だけでした。しかし、精神的にはものすごいものをつくった。ドリーミング、それからロックペインティングも素晴らしい。いまではアボリジニで名のある画家がたくさんいるんですよ。彼らの移動の仕方はすごくて、食べ物を入れる袋と穴を掘る棒一本を持って、女の人は腰に赤ん坊を乗せて、ずっと歩き続ける。歩き続けることによって広いオーストラリア全土が自分の家になる。その経路が歌の道、ソングラインですね。そういうやり方だってあったじゃないかと。アボリジニの生き方は、あちこちで誇らかにいわれている文明に対するまったく逆の生き方で、しかも奥深く人間らしい。つまり自分たちの知性によって、世界を解釈し直しているのです。それが僕がパレオマニアの旅をしたときのアイロニカルな結論だった。ひとつの例としてアボリジニの定住しないカルチャーがあれほどの精神的なものをつくり出すというのは大事なことだと思いましたね。

それで、関野さんのおっしゃった草食男子に戻ると、静かに暮らすというのがどこまで広がるかはわからないけれども、少なくとも成長と拡大はどこかで行き詰まる。大量生産・大量消費って、その外側に資源の大量搾取と廃棄物の大量蓄積があるわけですよ。四段階ある。だからいつまでもは続かない。必ずどこかで行き詰まる。原発が一番いい例ですね。それに対して、精神的なものを提案してみんながついてくるかというのが、いまの課題でしょう。

関野　そうですね。

狩猟採集社会は平等に配る文化だった

池澤　消費というのは、一種の中毒ですからね。精神論で簡単に治せるものじゃない。

関野　一度手にすると、もっと欲しくなるということですね。四十年ほど前、アマゾンの先住民とつき合い始めたころ、彼らの持ち物で自分で作れないものはナイフや斧なんかの鉄製の刃物だけだったんです。そこで、日本へ帰るときに刃渡り三十センチのナイフをあげたんですが、二、三年後に再び訪れると、それが何度も研いで五センチくらいになっていたことがありました。それでまたナイフを欲しがるのですが、今度は彼らも、いつなくなるかわからないので、ナイフは二本あったほうがいい、いや三本あったほうがいいという気持ちになる。考えてみれば、こうした欲求は普遍的なものなのではないでしょうか。僕たちがモノをひとつ手に入れたら、もっと欲しいと思うのも当然かもしれない。

池澤　農業が始まってから、量を求める考え方が定着しましたよね。つまり豊作だったらいいなと。農業のある段階から、たぶん穀物の栽培からですかね。穀物は備蓄できますから。狩猟だったら食べてしまえば終わりだし、野菜も長くは備蓄できない。穀物だと余剰がつくりやすくなって、余剰が増えたぶん贅沢ができる。それから蓄えたものを奪うこともできて、そうすると争いになるわけですよね。狩猟採集のときは、たくさんとれても食べるしかないし、食べきれないと意味がないから配る。配る文化だったたんでしょう。

関野　サルと人類では、人類が生まれた段階から食べ方に違いが生じます。類人猿を含めてサルは獲った場所、死肉だったら落ちていた場所で食べます。しかし初期人類は、そこで食べれば全部独り占めできるのに、わざわざ持ち帰ってみんなで分けて食べる。

アマゾンの先住民も同じことをしています。採集物は個人のもので自分だけで食べるけれども、中型や大型の動物が獲れるとみんなで分けて食べる。それもみんなに平等になるように分けていくんです。経済学者は、農耕・牧畜が始まってから物を蓄えるようになったといいますが、僕はそうではないと思います。原始的な農業をやっている間はまだ溜め込んでいないんですよね。アマゾンで狩猟だけで暮らしている人はいません。だいたい焼畑もやっています。ユカイモ（キャッサバ）やバナナとかは蓄えられないものなのです。ユカイモは面白い栽培植物で、挿し木すると六〜八ヵ月でイモになっているんですが、三年くらい採らずに土の中に放っておいてもまだ食べられるんですよ。天然の缶詰みたいなものです。

池澤　キャッサバはでんぷんにして保存はできないんですか？

関野　できます。マニオクとかファリーニャといいます。保存するけれど、余剰で他の人を雇うというような分業はアマゾンではないですね。原始的な農業をしている段階ではまだ蓄えられないので、職業の分業もありませんし、社会はけっこう平等です。

蓄えるようになったのは、集約農業になってから、とくに穀物ですね。そもそもアマゾンやアフリカの熱帯の作物は米や麦などのいわゆる穀物じゃないんですよね。それで余剰がほとんどなかった。ところが、極北の場合は少し事情が違います。一年の半分は最高気温が氷点下なので、冬には肉でも魚でも保存できる。夏でも永久凍土なので一メートルも掘れば天然の冷蔵庫になります。だから、極北の場合は蓄えられないわけじゃないんです。だけど溜め込む文化にはならなかった。溜め込む人間はさげすまれます。

池澤　狩猟民の社会では、そこに獲物があるのはその人の働きではなくて、たまたまそこへ行っただけ、狩りがうまいからじゃなくて、たまたま動物がそこに来てくれたからと考えるんですよね。だから、狩猟民は、狩りが成功すると感謝の儀礼をします。自分のところに来てくれてありがとうって。自然に対して謙虚だったんですね。

関野　ロシアのヤクート人の民族学者が、「西洋人は動物を獲ったときに殺したと言うけれど、俺たちは授かったと言う。だから感謝をして食べる」と言っていました。基本的な考えが違うんでしょう。

池澤　どこから変わってしまったんでしょうか。やっぱり備蓄ですかね。

関野　備蓄でしょうね。これはひとつの例ですが、ペルー・アマゾンに、四十年以上にわたって僕がつき合っているマチゲンガの家族がいます。ここでは、獲物の分配が平等なだけでなく、精神的な優位を持つことさえも避けようとします。たとえば、その家族に僕が名づけ親になったゴロゴロという末っ子の男の子がいるんですが、その子が十歳になって初めてひとりで狩りに行くというので、ついていったことがあります。そのとき、最初に狙ったのはケンツォリというキジの仲間でした。でも近づくと逃げてしまう。初日は獲れず、二日目もダメで、三日目にゴロゴロは僕についてこないでくれと言う。それでひとりで出ていって、またダメだろうと思っていたら、見事に獲物を獲って帰ってきた。

そのときの彼の態度が大人とそっくりだったんです。ブスッとした態度と表情で、獲物を母親の前にぽいと投げて渡す。初めての獲物なので、本当は嬉しくてしょうがないはずなのに、そういう態度をとる。それは、「獲物を獲ったからといって威張るな」という決まりがあるからなんです。なぜかというと、獲物を獲ってきた者が威張ると、もらった者が負い目を感じてしまう。そうならないための態度なんです。だからといって、狩猟がうまい人が尊敬されないわけではないし、ちゃんと尊敬されています。でも、威張るなよって（笑）。

そんなふうに、マチゲンガは、精神的にも平等を保とうとする社会なんです。一方で、ヤシの木一本に対して「これは俺のだ」という所有意識も強く持っています。それでも、もの離れがよくて、必要な人がいたらすぐにあげてしまう。そして、少なくとも自分でコントロールできないものまで自分のものだとは決して言わない。さらにいえば、われわれと決定的に違うのは、土地に対して所有の意識がないということでしょうかね。

「逃げる人々」がつくってきた歴史

池澤　土地は本来誰のものでもないですものね。縄を張っただけでしょう。もし僕がそういう狩猟採集プラス簡単な農業の社会に生きていたとしたら、狩りは下手だろうし、畑もあまり上手に作れないでしょう。だから一定以上の規模の集落だったら、たぶん「お話しおじさん」になってるかな（笑）。自分たちが生きていることの意味を、つまり神話を紡ぎ出している。極北がいいな、冬が長いからね。そういう役になって、その代わり欲張らないから、食料を少し分けてもらう。そのぐらいの分業ならできると思うんです。

それで、思うのですが、物欲と消費から、戦いになりますよね。そんなとき何かひとつの奇跡や、どこかひとつを変えることで、全部が変わるということがないのだろうか。本来、宗教がそうだったはずなのに、うまく機能していない。それでね、小説として、人のどこがどう変わったら全部が変わるかというシミュレーションというか、お伽話を書いたことがあるんです（「レシタションのはじまり」『きみのためのバラ』所収、新潮社）。

それはたまたま南米の先住民のお話なんですけれども、文明社会の男が妻を殺してしまった。妻の父親は有力者で、そのままだと捕まって殺されてしまうので、逃げた。ある人から「じゃあお前、山に行けよ。山には〝逃げる人々〟がいるから」って言われて、山に逃げた。そして、山で崖から落ちて意識を失う。すると〝逃げる人々〟がやってきて、彼をそっと連れ出して治してくれる。なんで彼らは逃げるのかというと、争うのがいやなんですよ。その連中と暮らしているうちに、彼らのなかには争いがないことに気がついた。子供がケンカをしたりすると、親が何かわからない言葉をささやくと静まる。大人同士のケンカもその言葉をささやくと静まる。そのささやきを、そこでは「レシタション」という。日本語では「真言」とか「お唱え」ですね。彼はそれを覚えて、自分でカッとなったときに自分を鎮めるようになる。〝逃げる人々〟は闘志を燃やすことができないから他民族と会ったら逃げるしかない。そうやって静かに山の中で暮らしてきたわけです。彼は「レシタション」を知ってしばらく山の中で暮らしたあと、文明社会に戻った。すると、途端に逃げていた妻の父親に捕まってしまう。ピストルを突きつけられ、殺してやると罵られたとき、彼は「レシタション」を唱えるんです。すると、親父はピストルを置いて「どこへでも行けよ」とね。そうやって「レシタション」が文明社会に広がっていく。言語学者がどう分析してもわからないけれど、たしかに効果がある。世界中の軍隊がなくなるまで三年、警察がなくなるまで五年、そして人類は倫理の面で一段階の進級を遂げた。

これはお伽話です。でも、こういうことでもなければ戻れないのかな。先ほど言った「ニュー・ポバティ」って言葉はつくったけれども、とても定着しなかったし。小説家はそうやって夢を書いていればすむんだけれど、現実には事態はいよいよ悪くなりますからね。物欲でない生き方を探してはいるけれども、なかなかわからないですしね。お説教をしても聞いてくれるわけじゃないし。実践してもたぶんうまくいかないだろうし。

関野　その「逃げる人々」から、僕が連想するのは漂海民のバジョですね。バジョはフィリピン南部、マレーシア、インドネシアに囲まれたスールー海を中心に幅広い範囲に住んでいます。ここのサンゴ礁に暮らす人口百万人ほどの、海に生きる人々です。私はここ数年、バジョのなかでもほとんどいなくなってしまった家船生活者の家に寝泊まりさせてもらいながら写真を撮っています。

彼らは世界中でも稀な平和的な民族で、とにかく争いを嫌います。とても弱い人々です。バジョの住んでいる海には、ほかにもたくさんの民族が住んでいるけど、バジョが一番さげすまれています。弱いがために、かつて自分の選んだ王様に庇護を求めるんですね。王様には何でもすると言って、遠くの海に航海してナマコやシャコガイ、サメ、魚などを捕ってきて献上します。

王様が不条理な要求をしたり、横暴だったりすると、ほかの民族は反乱を起こしたりするのですが、バジョはとにかく争いは嫌いなので、すたこら逃げてしまうんです。そして新しい王様を探して、庇護を頼むんですね。弱いけれど、したたかに生き残ってきました。

僕は、海上の道を南方から日本列島にやってきた人たちも、「逃げる人」だったと思っています。島で人口が増えると誰かが出ていかなければならない。そのとき出ていくのは強い人ではなく、弱い人が出ていくわけですね。突き出されながら、どんどん北に向かった人たちが日本列島に着いたのではないでしょうか。大陸から直接あるいは朝鮮半島、台湾経由でやってきた人々も突き出されてやってきたのでしょう。

人類はアフリカに発祥して移動、拡散を続け、地球上住まないところがないほどに広がった稀な動物です。僕はその原動力は何だったろうかと考えてきました。最初はあの山を越えたら何があるんだろうかという好奇心、あの山を越えたらもっといい暮らしができるのではないだろうかという向上心が人類を突き動かしてきたと思っていました。

そうだとしたら人類で最も遠くに旅した人たち、南米最南端まで行った人たちは、誰よりも好奇心や向上心が強く、進取の気性に富んだ人々であるはずですよね。ところがマゼラン海峡を渡り、フエゴ島を経てビーグル水道を渡って南米で一番南のナバリーノ島に住んでいる人たちは、そんな人たちではなかったんです。フエゴ島までは狩猟動物がいて狩猟で生きていけるのですが、ナバリーノ島では動物がいないので狩猟ができません。そこで魚介類を捕り、オッタリア（アシカ科の海棲哺乳類）などを獲って生き延びてきました。その人々はいまや絶滅寸前です。

ラオスでも、モンという人たちと出会いましたが、彼らは中国のミャオと同じ民族です。彼らは米の原産地である長江下流に住んでいたのですが、戦乱に明け暮れる生活が嫌になり、ラオスの山の上に逃げて陸稲を作り始めます。

人類の初期のころは、たしかに好奇心や向上心によって、あるいは動物を追いかけているうちに移動してしまったと考えられますが、意外に多いのは、こんなふうに弱い人間が突き出された結果なのだと思います。

住みよい場所は人口が増え、よそからも人が集まってきますよね。人口過多になったとき、誰かが出ていかなければならないとしたら、出ていくのは誰なのか。強い人は既得権があるから出ていきません。弱い人が追い出されます。その人たちはフロンティアに向かうわけですけど、適応できずに滅んだグループも多くあったと思います。しかし創意工夫、知恵を生かしてパイオニアになった人たちは、新しい土地を「住めば都」にしてしまいます。しかし、そこでまた人口が増えると弱い人たちが押し出されていきます。人類の拡散とは、つまりその繰り返しの結果だったと思うんですね。
そして、その後の歴史を見ていくと、逃げ出さなければならなかった人たちが、弱いままでいるわけではありませんでした。場合によっては、追い出した人間より強大になったこともあります。アジアを制覇しようとした日本、世界制覇を目指したイギリスはその典型です。日本は、もとの土地から突き出された弱い人が集まってきたが、もうそれ以上東には行けない。イギリスはそれ以上西に行けない。そんな国の人間がアジアに侵攻したり、世界に植民地を獲得したりしていきました。

登った木から下りられなくなった人類

関野 消費について話を戻しますが、タバコは値上げすると消費ががたんと落ちるらしいですね。だったらそれを全商品でやってみたらどうでしょうかね。税金を高くするとか。というのは、僕はモノって人間が生きていくのに必要なものとそうではないものとに分けられると思うんです。最初からいらないものもたくさんあるじゃないですか。いらないものほど税金を高くして、必要なものからは税金を取らないとかね。

池澤 でもタバコの場合、幸い身体に悪いという理由があったから値上げができたわけですよね。三十年くらい前かな、まだタバコを吸っていたころにイギリスに行ったとき、一箱五百円で驚きました。

消費が減ることについては、それでよく言われるのが、「経済が回らなくて皆が貧乏になる」と。みんなが貧乏になってもいいじゃないかと思うんですけれどね。僕の母親なんて戦時中は何もなかったけれど、みんなも何もなかったんだから、あれはよかったのよなんてね。つまり富というのは偏《かたよ》るから問題になる。現に江戸時代の人たちは携帯電話を持っていなくても全然問題はなかった。それに合わせて生活をしていたわけでしょ。

問題は、新しくて便利なものが増えるのが進歩だと思っていること。もうひとついうと、みんなの誤解は進歩と進化を混同していること。進化というのはいつだって環境とのセットで考えるものであって、ひとつのものが変わったときに、それが環境との関係において有利であればその種は栄える。不利だと滅びる。どっちも含めて進化でしょ。ところが、広告ではカメラの機能が便利になったことを進化っていうんですよね。

関野 そうですね。僕は進歩はよりよい方向へ移行することだと考えています。進化は、たとえばキリンの首の例でいうと、長くなって高いところの葉も食べられるようになったこと。首が短くなったキリンも、そのままの長さのキリンもいたわけで、たまたま長くなったキリンとその子孫が生き残ったわけですね。つまり進化というのはその生物にとっていい方向、有利な方向に変化するのではなく、たまたま有利に変化した個体が生き残った結果のわけです。よく「イチローが進化した」って言うけれど、あれは進化じゃなくて打撃技術の進歩ですよね。

池澤　そうなんです。携帯電話の場合、いろんな機能をつけすぎてガラパゴス化して滅びたらそれは進化なんですよ。つまり環境という消費者たちが選ばなかったんだから。環境との関係において、それは進化といえる。でも単に便利になったというのを進化とは言わない。人間は生物学的変化を超えて、自分たちを文化的に変えてきたから、ここまで来てしまった。いい気になって木に登っていっているうちに、だんだん枝が細くなって下りられなくなってしまったような状態ですよね。

忘れてしまった狩猟採集民の平等社会

関野　私たちは、この肥大化した「欲望」をはたして抑えられるのでしょうか。世界を旅していて感じるのは、いまの日本が評価されているのは欲張りだからというか、生産量が多いというか、ＧＤＰが高いからすごいと思われている。そういうなかで、みんなが心配するのは、消費が落ちると生産が落ちて失業率が上がるということ。だけど、いままで十の仕事をしていたのを八にしても、生活の質はそんなに落ちないと思うんですよね。三十年前くらいの状態に戻しても、生活の質はそんなに変わらないと思うんです。それに八割に仕事を減らしたら、自由な時間が増えるので、むしろいいんじゃないかと思うんですけど。

池澤　資本の論理というのは悪辣でしてね、少人数でたくさんの仕事ができるようになると、たくさんの人に仕事を少しずつ分けたりはしないんですよ。どんどん首を切って人数を減らす。そうすると残った連中はクビになるのが嫌だから、めちゃくちゃ働くんです。すると、その仕事がほかへ回らないんです。それがいま起こっている事態でしょ。だから本当だったら、みんながパートタイムだっていいと思うんです。一日五時間働いて、あとは好きなことをするとか。全員がそうなれたらいいんですが、実際にはわずかの人間をむちゃくちゃに働かせて、どんどんクビにしたりして、不平等を増やすことで資本側が儲かるんだな。そんなことはわかりきっていることなんだけれど、これをなかなか崩せない。やっぱりお金と物を中心に回していくと、倫理的に人間は堕落していきますからね。

南アフリカのローレンス・ヴァン・デル・ポストという作家が、『カラハリの失われた世界』（筑摩書房）というノンフィクションを書いています。ブッシュマンとのつき合いの話なんです。あるとき、ランドローバーで彼らの土地を走っていて、ある一家に出会う。ここ何日か獲物がなくてお腹が空いているという。それで、車を走らせて獣を撃って渡す。相手は黙って受け取る。あとで一緒にいた誰かが「なんであの人たちはお礼も言わないんだ」って。そうすると、ヴァン・デル・ポストはこう言うんですよ。「彼らにとってお礼というのは、まさかあなたがこんなことをしてくれるとは思ってもみなかったという侮辱なんだ。誰かが飢えていたら、食べ物を持っている者が渡すのが当然で、それは人間という言葉の定義のなかに含まれている。だから礼を言うなんて失礼なことはしない」。これは先ほど関野さんがおっしゃった狩猟民の平等社会の倫理の部分だと思うんです。そういうものが農業以来全部なくなったんです。だからといって、そういうところへすぐには戻れないんだけれどもね。

関野 エチオピアの南部のトゥルカナ湖に注ぐオモ川の流域に、コエグというとても弱い民族が住んでいます。ここには牛の寄生虫を媒介するツェツェバエがいるので、牛飼いたちが来れない場所なんです。コエグはそこでモロコシ（コーリャン）を作っています。雨季に洪水が起こって肥沃な土が残る。そして乾季に種を蒔《ま》けばいい。

池澤 古代エジプトのナイルとまったく同じやり方ですね。

関野 そうです。でも彼らの収穫量は多くても半年分だけです。残りは、乾季に干上がった湖に残っている魚を手で捕ったり、小動物や蜂蜜を食べています。そこをフィールドにしている京都文教大学教授の松田凡さんと一緒に乾季と雨季に二度行ってきました。二度目のときに、あるコエグの男が蜂蜜の入った瓢箪《ひょうたん》をくれたんです。私は日本人的感覚で、すぐにお礼をしようと思って「何をお返しすればいいですか」と松田さんに聞くと、「何も欲しがっていないから放っておいていいんです。必要なときに助け合うという義兄弟の契りを交わしたということです」と教えてくれました。これがベルモという関係です。

池澤　相互援助条約ですね。

関野　そうです。それで、僕が医者だとわかると、みんなやってくる。たくさんの患者が現れて列ができた。薬はできるだけあげないようにして、あげても一日分だけ。でないと、溜め込んじゃうんですよ。

池澤　備蓄の始まり（笑）。

関野　そう（笑）。それで診察していても、感謝されている気がしないんです。みんな威張って「俺の薬どこだ」って。アンデスだったら、卵やニワトリ、場合によってはヒツジをプレゼントされたこともあります。そう思っていたら、松田さんが「コエグにはありがとうという言葉がない」と言うんですね。コエグは助け合いが当然のことで、そうやって生き残ってきた社会なんだと。コエグも農業をやっているんだけど備蓄ができないんですね。

それから、エチオピア南西部のマジャンギルを研究している九州大学の佐藤廉也さんから、狩猟採集民ではないけれども、マジャンギルも平等社会だと教えてもらったので、一緒に彼らを訪ねてみました。それで、そのとき泊めてくれた家のご主人が鶏をつぶして振る舞ってくれたんです。食べようとすると、主人が「ドアを閉めなさい」って。肉を食べていたら、村人が入ってきて肉を欲しがるからだというんです。そのとき僕は、平等社会のなかに生きていても、独り占めしたいと思うことがあるんだなと思ったんです。いい人だから、気前がいいから平等なのではない。本当は独り占めしたい気持ちはあるけど、実際に独り占めすると、社会が維持できないと考えて、平等を図ろうとして……。そのうちにそれが規範となってきたんでしょうね。

池澤　そうでないと、長期維持はできないですからね。

関野　そうですよね。

人間の本性として、物がなければ平等になる

池澤　友人の医者が大船渡にいるんです。三・一一の津波で床上浸水になった。それでも、翌日には泥を掻き出して、なんとかきれいにして医院を開いた。患者は年寄りが多くて、ほとんどが生活習慣病ですね。そうして一週間ぐらいしたとき、昔なじみの老いた患者が来て「おお、生きていたか」と言ったら「でも俺より立派な人がたくさん死んだんだ」って泣くんだって。それで、ついついこっちも医者なのに手を取って泣いたというんです。こういう

話はたくさんあった。だけど天晴《あっぱ》れだと思うのは「なんで俺がこんな目にあわなくちゃいけないんだ」って天を恨んだ人は誰ひとりいなかったそうです。

それから、こんな話もあります。三陸鉄道で二駅先の綾里《りょうり》という集落から、五十過ぎの親孝行な息子が母親の薬をもらいにやってきた。その息子に「道路も鉄道もぐちゃぐちゃなのに、どうやってやってきたんだ」って聞くと、三陸鉄道の線路を三時間かけて歩いてき来たと答えた。そこはほとんどがトンネルなんです。次にいつ薬が届くかわからないので「すまないけれど、いつもの量の薬をやれない」と言って、いつもなら二週間分なのに三日分だけ渡した。三日分を持ってとぼとぼまたトンネルを歩いて帰っていった。それでも文句を言わない。

あの震災以来、僕も二年間で十五回くらい通っているから、いい話や悪い話をたくさん聞きました。だけど、そのときはそういう社会が成立した。物がないから平等になれた。物がなければ平等になるということは、人間の本性としてあるんですよね。

関野　前にも話しましたが、アマゾンの先住民マチゲンガなどは、まさにそうですね。物がないからというより、蓄えられないから、物が必要なところに流れるようになっています。震災の被災地については、私も三・一一の震災直後から医療ボランティアとして、気仙沼、陸前高田に通っています。陸前高田を訪れたとき、津波によって息子を失い、家を壊された、米作りの達人にして木こりだという七十七歳の方に会って、いまでもおつき合いをしているんです。癌も患っている人ですが、その人の言葉が印象的だった。「すべてを失い、電気がなくなり、星がこんなに明るいことに初めて気がつきました」。すべてを失っても、この人は未来にわずかな光を見ようとしているんだ。前を向いているんだと強く思わされて、僕自身がそこに一筋の光を見たような気がしました。事実、この人はその後、自分で森の木を切り、一年半後には自分の手で新築の一軒家を建ててしまいました。いずれにしても、物がないなかでのできごとですよね。災害で物が失われた中での、人のありようというか……。

池澤　経済活動が煽らなければ、物がないならないで人は我慢しますからね。こういう現象があちこちで観察されていて、「災害ユートピア」というんです。先ほど関野さんが語ったエチオピアの人たちも、災害的な物の欠如の状態だから、常にユートピアであるということが成立するのかもしれない。

東北の被災地では、いまはその雰囲気は薄れましたが、それでも互いに手を貸し合わないとやっていけないじゃないかというのは残っている。それに比べれば、外側を取り巻く人たち、資本、会社、官庁のなんとあこぎなことよ。なにが除染だよって思いますね。だからといって、みんなで貧しくなろうというメッセージもなかなか通用しないだろうし……。

関野　話はちょっとずれますが、東北の若者たちには都会願望がありますよね。東北にはコミュニティの特質として賞賛された「つなぐ力」が残っている。一方でそれは縛るという意味でもあって、村の監視社会が嫌だといって都会に出て行く。僕は医者として被災地に行ったんですけど、東北では在宅医療が成り立たないと聞きました。家で亡くなると、あの息子、あの嫁は何もしなかったと周囲から非難される。病院で死ぬほうが評価される。

池澤　病院のほうが文化的だと思われている。

関野　そうです。しかも都会の大きい病院に入れたほうが評価される。コミュニティの監視にはそういう面もありますね。

池澤　絆という言葉も諸刃の剣ですからね。だからボランティアはうまくいったんですよ。コミュニティを知らないから。ポンと落下傘で飛び込んで感謝されることだけやって、パッと帰るから楽でいいと思いますよ。僕も避難所の中に入って話を聞きたいと思ったけれど、ジャーナリストではないですから、避難所という住民の私的領域に入っていって「いまのお気持ちはいかがですか」なんてとても聞けない。物資配りのボランティアに化けて運転手で回ったんです。そのとき仲よくなった連中といまでもつき合いがあるんです。でもこっちは楽なもんだと思います。物を持ってきてくれるお客様だもの。それで何かやったと思っちゃいけないなと思いますね。

一度、チェーンソーを買って行ったことがありました。チェーンソーがないっていうから、じゃあ持って行こうかと。それでホームセンターで「こんなものを買うことがあるとは」と思いながら買って、飛行機に乗るときには「これは何ですか？」なんて言われたり（笑）。で、避難所に行って「持ってきたよ」って渡して、「ああ、そう」でおしまい。それは気持ちがいいですね。なんというか、ボランティアというのはこちらとしては何も決めないで行って、その場で足りないものを補う。向こうが鋳型でこちらが粘土。形は持って行かないんです。こちらとしては、やった気持ちはあるけれど穴埋めでしかない。ただやっぱり不思議な時期でしたね。

生き残るための工夫が施された安全保障

関野　ところで、池澤さん、もし世界中の七十億人全員が視力を失ったら、どんな世界になると思いますか。

池澤　ＳＦでありましたね。『トリフィドの日』（ジョン・ウインダム、早川書房）。宇宙から何かがやってきて戦っているうちにみんな目が見えなくなる。最終的にどうなるか忘れましたが……。

実際にそうなれば、まず目が見えない恐怖感が強くなるから、争いが起こるでしょう。誰かと出会ったら、持っている食べ物を奪うとか。恐怖の先はどうなるのか。小さなグループができて、助け合ったり、ほかのグループと抗争したり……。

関野　じつは病院に勤めるときに、面接試験で聞かれた質問なんです。そのとき僕は、むしろうまくいくんじゃないかと答えました。いままで目が見えなかった人たちが、弱者から強者になってリーダーシップを発揮する。目が見えていた人たちが弱者になって、優しくなる。つまり、もともと目が見えなかった人たちが、新しい弱者を引っ張っていく。目が見えなくても人間は慣れるものです。それで、視覚以外の違う感覚が発達していくだろうし、けっこううまくいくんじゃないですかって答えたんです。

池澤　それは、お人柄が出ましたね（笑）。

関野　人口はこれから確実に増えますよね。

池澤　基本的には増えます。ただ、フランスの人口学者エマニュエル・トッドが、女性の識字率が上がると人口が抑制できると言っています。女性が字が読めるようになると、外の世界を知って子供の数がコントロールできるようになる。食料生産はそんなに増えないから、先ほどの分配の問題になる。

関野　サルの仲間は恐竜が滅んだ後、急に数が増えていきました。そして森に入って、天敵がほとんどいなくなった。このとき、数が増えるのを抑制したのは病気だといわれています。

私たち人間にとって、天敵というか、その人口抑制の機能を持っていたのが、戦争だったのではないかと思います。

池澤　相互間引きですね。

関野　でも、戦争で人口が減るのは嫌ですね。エイズが出てきたとき、これは天敵になるかと思いましたが、だんだん克服してきました。天敵がいなくなったのが人口問題の最大の問題です。このまま人口が増え続けると、百億人を超えることもあるんでしょうか。先日、総合地球環境学研究所の先生に教えてもらったんですが、いま世界中にある食料を人口の七十億で割ると一人あたり三三〇〇カロリーあるというんです。必要なカロリーを二二〇〇カロリーとすると、ちゃんと分配されていれば人口があと一・五倍に増えても食べていけるらしいんです。百億ならぎりぎり。いまの食料は余っている状態なんです。均等に分けられてないですけど。

池澤　余っているというと値段が上がらないから、足りないように操作していますよね。農業技術も進んでるとかいって、F1品種（雑種一代）とか一度倒れたら全部倒れそうな危ないやり方をしている。そもそも畑って不自然ですよね。一種類だけが植えてある。病気になったら全部ダメになるから、農薬を使う。魚の養殖も同じで抗生物質を使いすぎていました。そういう最先端の技術の危なさで、何か失敗することによる人口減少が起こるかもしれないですね。原発がいい例です。ギリギリのところでやっている感じがしますよね。

関野　そこで生きてくるのが、やはり先住民の知恵です。たとえば、アンデスには本当にいろんな種類のジャガイモがあるんです。畑に植えるときも、ひとつの畑に二十種類も植える。ところがアイルランドの大飢饉（一八四五年）は、一種類だけ、形や大きさで一番いいものだけを選んで栽培したから起こったんですよね。なぜアンデスではいろんなジャガイモを栽培しているのかというと、味の面や収穫の季節の面もあるけど、大きな理由に病気対策があります。ひとつが病害にあっても、何種類も植えておけば、いくつかはその病害に耐性のあるものがあるからです。

池澤　安全保障ですね。それで思い出したのがゴリラの食生活。彼らは、森の中を一日移動しながらいろんな種類を食べているんです。植物のほうもどんどん食べられると困るから、アルカロイドを用意して、つまり毒をしこんでおく。だから、おいしいからと同じものばかり食べるとその毒にあたる。違うものを少しずつたくさん食べる生活でないと、森の中の生活は維持できないんです。それで、当然移動しなければならない。これが本来の類人猿ののの食べ方だったから、「好き嫌い言わないで食べなさい」って言うんです。（笑）。これも安全保障ですよね。

関野　コロンビアのマカレナの森でサルの研究をしている伊沢紘生さんを現場に訪れたこと

があります。ここには七種類のサルがいます。ティティとリスザルは二次林に、クモザルとウーリーモンキーの大型のサルは木の上でフルーツを食べます。少し小さいフサオマキザルは大型のサルたちが食べられない熟しすぎて硬くなったフルーツを竹の上に置いて石で割って食べたりしている。彼らは雑食で頭もいいんです。ホエザルは葉しか食べない。ヨザルは自分より大きいサルが歩き回っている昼間は洞に隠れていて夜だけ活動します。森の時間、空間をすみ分けることによる安全保障を図っています。

池澤　ひとつの森がいくつものニッチになっているわけですね。時間的にも空間的にも、食料の種類でも。

関野　みんないろんな工夫をして生きているんですね。

池澤　人間も工夫をしているんだけどなあ。工夫しすぎなのかな。

いかに自らの病を自覚するのか

関野　メドウズが『成長の限界』を説いて、もう四十年。いまの文明はグローバリズムによって世界文明というか、文明の塊ですよね。アメリカ文明でもないし、中国文明でもない。それが弾けて滅びる可能性もあるけれど、それでも生き残る人もいるわけですよね。これまでも、マヤにしてもエジプトにしても古代文明が滅んでも、その末裔たちは生きている。同じように生き残れるのか、それとも全部終わりになってしまうのか。それで、ときどき思うんですけど、われわれがいまいるこの部屋も空調があって灯りのある人工的な空間ですよね。僕は世界中の人工的なものを全部取っ払っても生きていける。しかし、逆に人工的なものだけで、植物がすべてなくなったら生きていけない。それは、僕だけじゃなくてみんな同じ。なのに自然といかにつき合うかということを考えない。

池澤　みんな何も考えないんだけど、そういってみても仕方がない。サル学の江原昭善さんが言っていたことで、生物学的なスパンの話なのですが、人類がこのまま行って行き詰まると、突然変異が起こって、天才的な人間が少しずつ増える。それは倫理と哲学の天才で、イエス・キリスト並みの新人類が出てきて、その数が増えて、それでホモサピエンスは次のステップへ行けるかもしれない。そうしたら、われわれの祖先がチンパンジーから分かれたように、われわれはおとなしく滅びようと。そのぐらい遠くから見る視点が欲しいですね。

いまもしも、この文明が、たとえば二割だけ減ってもみんなつらい思いをするでしょう。なぜなら覚えているから。昨日のこととして豊かさを覚えているから。つまり物がないのが不足なのではなくて、あるものが減るのが不足。そして、増えるのが幸福。だから経済成長という言い方をする。承知のうえでこれは要らないとなって、減るのはいい。これがまさに草食男子の生き方、これはいいですね。しかし、自分の物だと思っているもの、配られて当然と思っている物が、自分のところに来ないと不幸なんですよ。耐えがたくて暴動が起こったりするかもしれない。

関野　僕は医者だから、社会も医者の視点で見ています。いまの文明には、これまで話してきたように負の側面、つまり病気が蔓延していると思うのですが、池澤さんが医者だったら、いまこの時代にどんな処方箋を出しますか。

池澤　問題は患者に病気の自覚がないことです（笑）。

関野　そうですね（笑）。まず自覚を持たせることですか。

池澤　そうねぇ。

関野　自覚を持たせる影響力があるのはメディアですよね。でも消費や生産の抑制を勧めるようなメディアはない。

池澤　メディアというのは伝えるだけで、何を伝えるかは彼らは決められないですからね。これが福音であるといって、信じてもらうしかない。「たくさん物を持っていてもしようがないでしょ。そうでない喜びを見出しましょう」と、お説教としてではなく、みんなが聞いてくれるような形で発信できるかどうか。広告とメディアが消費を煽っているなかで、いかに伝えるか。

関野　僕は若者に期待しているんです。草食男子とかいうけれど、彼らは物を欲しがらないし、楽しみ方も知っている。スポーツとかアートとか。

池澤　シェアハウスなんて面白いですよね。何人もで暮らして、お互いの領域は守りながらも、行き来する暮らしです。それから、うまい伝統の崩れ方というのもあるんでしょうし、商品だけでなく生き方も選択肢が増えています。そこから変わっていくのかもしれない。

関野　ただ、若者を見ていると、人の結びつきが弱くなったように思います。僕は、物やお金よりも人との結びつきのほうがよっぽど大切だと思うんです。自分の宝は、親しくなった人との結びつきです。

池澤　関野さんは、〈グレートジャーニー〉でそれを世界中で成立させたわけだから。

ところで、セティ（ＳＥＴＩ・地球外知的生命体探査）という計画がありますね。地球外の生命体との通信をするために、電波望遠鏡を空に向けて、聞き耳を立てている。入ってくるものを分析して、知的生命体が出している電波がないか探している。もう五十年以上やっていて、まだ何も結果が出ていない。これはドレイクの方程式が基本になって考えられています。それは、星のなかで生命体が生まれる確率、その生命体が知的なレベルまで進化する確率、そこから電波がこちらに向かってくる確率、こうしたいくつかの確率を掛け合わせたものなんです。そのなかに文明が存続する時間という項目があるんです。そこでは、電波を出せるほどになった文明がその力を失うまでの時間をおよそ一万年と想定したんです。それは長すぎるんじゃないか。いま、電波が出せるようになって百年ですよね、その百年の間にこれだけ危ないことがあって、文明が一万年続くかなというのが僕の疑問なんです。

関野　新大陸と旧大陸で別れてちょうど一万年。

池澤　この先のほうが、よっぽど危ないですよね。あのドレイクの方程式は楽観的だなあ（笑）。しかし、いずれにしても、これから決定的な変化を経験するのは若者です。人口問題や食料問題できっとつらい思いをするんだと思います。そこで、ホモサピエンスの真価が問われるんですね。どこまであさましくなるのか、互いに手を差し伸べるのか。三・一一はいい実験だったと思いますよ。つらいことがあって、そこからどう立ち直るか。昔から日本は大変住みやすいところだったけど、自然災害が多かった。どうしても来るからしようがない。そのたびに失って、泣いて、またやり直したんです。そういう意味では強い。でも政治は異民族が来なかったぶんだけ、とくに外交が下手で、大きな戦争に負けても自分たちが起こしたことだと思わないで一種の自然災害のように一億総懺悔とかいって、さあ再建しようで、おしまい。ドイツみたいなしつこさがない。国民性はよくも悪くもそんなものですね。でもまあ、いろいろ考えることは誰でもできますから、生きていきましょうよ（笑）。

（構成・吉田 正）

ゴリラ社会の“負けない論理”に学ぼう

山極寿一

（人類学・霊長類学者、京都大学理学部長・大学院理学研究科長）

やまぎわ・じゅいち

一九五二年、東京都生まれ。京都大学大学院理学研究科博士課程退学。カリソケ研究センター客員研究員、日本モンキーセンターリサーチフェロー、京大霊長類研究所助手、大学院理学研究科助教授、同教授などを経て現職。理学博士。アフリカでゴリラの生態・社会の研究を通して人類の過去の姿を探っている。主著に『ゴリラとヒトの間』『家族進化論』『野生のゴリラと再会する――二十六年前のわたしを覚えていたタイタスの物語』など。

われわれはどこへ行くのか

関野　われわれはどこから来たのか――。この二十年間続けてきた旅で、私はその道筋をたどってきました。一九九三年からは十年間をかけて、東アフリカで誕生した人類が南米大陸にまで拡散した足跡を、自分の腕力と脚力だけで（一部はその土地の動物の力を借りて）踏破し、〈グレートジャーニー〉を完結させました。

次には、私たちの祖先がどのように日本列島にやってきたのかを追体験するため、二〇〇五年にシベリアから北海道に渡る「北方ルート」を、〇八年にチベットから中国、朝鮮半島を経て日本列島に至る「南方ルート」をたどってみました。そして〇九年からは、インドネシアから島伝いに沖縄にたどり着いたであろう海の道を、手作りの丸木船で旅する〈海のグレートジャーニー〉に乗り出し、それを三年がかりで終えたのが二〇一一年のことです。

「われわれが来た道」をたどる旅は、狩猟採集の暮らしを続ける人たちや、その土地の自然環境に寄り添うように生きている人たちとの出会いでもありました。そしてそんな旅のなかで、私には大きな疑問が芽生えてきました。それは、文明や科学や技術や経済などの発展の果てに、われわれはこれからいったいどこへ行くのか、いや、人類はそもそもこの先も生き残ることができるのか、生き残れるとしたら、どんな社会や生き方を目指していけばいいのか、という根源的な疑問です。

今日は、そうしたことを考えるヒントを得るためにも、ゴリラやチンパンジーの観察から山極さんが築いてこられた自然観や世界観を伺い、人類の未来について話し合ってみたいと考えていますが、まず最初に、そもそも山極さんは、どんな経緯でゴリラやチンパンジーの調査を始めたのでしょうか。

山極　私が、人間以外の動物から人間を見つめる学問があると知ったのは、京都大学に入ってからです。これには日本の霊長類研究を築いた京大の今西錦司さんとの出会いが大きかったと思います。文化も社会も人間だけのものではない。今西さんには、そう教えられました。「人間は、もとから人間だったのではなくて、人間以外の何ものかから進化したわけだから、いま人間がやっていることはすべて動物と連続している。人間だけのものと考えられている特徴にも由来がある。それを知るのが面白いんだ」というわけです。

当初、私はニホンザルを研究していたんですが、「お前は身体がでかいからゴリラをやってみたらどうだ」という指導教員（伊谷純一郎助教授＝当時）の一言がきっかけで、アフリカでゴリラを追いかける生活が始まりました（笑）。

関野　アフリカに通い始めたのはいつから？

山極　一九七八年ですね。私も子供のころから探検好きだったので、ゴリラを追ってアフリカのジャングルを歩き回るのを想像して、胸を躍らせてアフリカに渡ったんです。

ゴリラは、マウンテンゴリラ、ヒガシローランドゴリラ、ニシローランドゴリラ、クロスリバーゴリラの四種類に分類されますが、私が初めて調査したのは、コンゴ東部のカフジ山に棲息するヒガシローランドゴリラでした。

関野　いままで人間と接触していなかった野生動物を調査するなんて、時間と手間がかかりそうですね。

山極　ええ。ゴリラの群れのなかに迎え入れてもらうには大変な時間が必要です。しかも、相手は人間に対して相当な警戒心を抱いていましたから。

私はまず、野生のゴリラが初めて手を触れた人として知られるアメリカ人のダイアン・フォッシーさんに弟子入りしました。彼女には、ゴリラへの近づき方を教えてもらいましたが、それは〝ゴリラの人付け〟と呼ばれるやり方で、エサを与えたりするのではなく、少しずつ少しずつ人間の身体をゴリラに見せていく方法です。時間はかかりますが、彼らの生活を乱さずに群れに迎え入れてもらう最高の方法なんです。

コンゴの熱帯雨林を歩き始めたばかりのころ、衝撃的な体験をしました。私は四十二頭もいるゴリラの群れを追跡していました。まだ人付けする前の段階ですから、相手は非常に警戒心を抱いていました。

その群れを追う途中で、私の目前に一頭の巨大なオスが胸を叩きながら、立ちはだかりました。私は恐怖で立ちすくみましたが、ここで引き下がったら、受け入れてもらえないかもしれない。そんな気持ちで、ゴリラをずっと見つめ続けました。

そんな対面を何回か繰り返したある日、そのオスが意を決して、という感じで私に突進してきたんです。そして私に体当たりすると、一気に走り去っていきました。私は深い草の上に仰向けに倒されましたが、不思議と恐怖は感じませんでした。胸にアザができた程度で怪我もありませんでした。

それからですね、彼の群れが私を受け入れてくれたのは。人付けが成功して、朝から晩まで彼らと生活をともにするようになりました。数年後には、そのオスは人の前でイビキをかいて休むほどになったんです。

それからしばらくすると、彼の背後から幼いゴリラが顔を出しました。その瞬間、出会ったころに彼が示した警戒心の正体がわかったような気がしましたね。

「負けない論理」で築いた社会

関野　群れの子供を守ろうとしていたんですね。

山極　そうなんです。ゴリラは決して凶暴な動物ではないのですが、長い間、誤解されてきました。

ゴリラは、一八四六年に欧米人によってアフリカのガボン共和国で初めて発見されました。欧米人の探検家たちの記録には、ゴリラは人間を見ればすぐに襲ってくる好戦的なイメージで描かれています。そして、映画『キングコング』に登場して暴れ回る怪物のモデルになりました。

暴力的な動物という間違ったイメージが定着する原因となったのが、ドラミングと呼ばれるゴリラが胸を叩く行動です。テレビなどを通して、二本足で立って胸を叩くゴリラの姿を見たことがあるのではないでしょうか。それを欧米の探検家たちは、宣戦布告と受け取った。彼らは、ゴリラと出会うたび鉄砲で撃ち殺してきました。

しかし、ドラミングは宣戦布告の合図ではありませんでした。自己の存在提示。好奇心の表れ。そして向かい合った相手に対して、自分は対等なんだと訴える行動なんです。人間の社会でいえば、面子を保つための行動といえばいいでしょうか。たとえば、プロ野球で審判が微妙な判定をすると、監督が出てきて抗議しますよね。監督も審判も互いに胸を突き出して一歩も引き下がらない。それはそうです。簡単に折れるようでは、監督も審判も面子が丸つぶれですから。でも、にらみ合いが続くと選手たちやほかの審判が割って入る。仲裁されることで互いの面子を保ったまま納得して引き分けることができるんです。

人間社会では、そんな形で互いの面子を尊重しつつ、建前と本音を使い分ける場面があります。それが、ゴリラにとってのドラミングなんです。

ゴリラはほかの群れが近づいてくると、胸を叩いて自分の存在を相手に知らせます。群れのオス同士が近づいてドラミングし合う。でも、必ずメスがなだめに入るから、殺し合いにはなりません。だから、どちらかが勝者になることも、敗者になることもないんです。

ゴリラにとってドラミングは、自己主張であり、興味や興奮を相手に伝え合う儀式化された会話の手段といえるんですよ。

関野　なるほど。そうすれば、勝ち負けをつけずに共存できるわけですね。

山極　ゴリラの社会は、勝って相手を退けるのではなくて、相手と同じレベルで共存する〝負けない論理〟でつくられています。そこが特徴です。

では、ほかの霊長類はというと、たとえばニホンザルの社会は〝勝ち負けの論理〟ででききています。強いサルが来ると弱いサルがエサを放さなければならない。強いサルがエサを独占できるんです。でも、あらかじめどちらが強いかわかっているから争いは起きにくい。ケンカが起きても勝敗がつけば群れのサルは勝った者に加勢する。常に階層が保たれるから社会は安定するわけです。

関野 〝勝つ論理〟で作られるニホンザルの社会と〝負けない論理〟でできているゴリラの社会。山極さんは、人間の社会はどちらだと考えているんですか。

山極 〝負けない論理〟に属しているんじゃないかというのが、私の考えです。

人間はみんな負けたくないという意識が強いように感じます。さまざまな工夫や仲介をするのは負けたくないからじゃないでしょうか。

極論かもしれませんが、私は人間の家族は、平等性や対等性を担保する「負けないために作られた社会の装置」だと考えています。家族は、繁殖における平等を徹底的に保証します。それだけではなく、ほかの家族を支配したり、攻撃したりはしないわけですから。

孤食と共食

関野 ニホンザルの社会では、強者がエサを独占するという話でした。人間は食べ物を採集する段階で、自分だけではなくて仲間や家族についても念頭に置いていますよね。だから自分の食欲以上の食べ物を持ち帰り、みんなで食べるわけです。私はそれが人間とほかの霊長類の大きな違いだと思っていたんですが……。

山極　ニホンザルの社会とは違って、ゴリラやチンパンジーの社会では強いオスがエサを分配するんです。

チンパンジーの例ですが、強いオスが捕獲したサルの肉を持っているとします。すると、メスたちが集まってきて肉を持ったオスをぐるりと囲む。メスは顔を近づけ、オスの顔を見つめて手を伸ばします。そうやって分配を要求しているんです。そして真ん中に置かれたサルの肉をメスたちが取っていく。オスも渋々という感じで認めている。

チンパンジーやゴリラは、強い者が自分の食欲を抑制して分配するわけです。ただし、仲間の食欲まで考える人間とは違って、持っていない者が要求しない限り、分配は起こらないようですね。しかも、肉の部位でも価値の低いほうを分けるんです。

関野　やっぱり、ケチなんですね（笑）。

山極　そうなんですよ（笑）。でも興味深いのは、分配の後。同じ物を向かい合って食べ始めるんです。すると、何が起きるか。共食です。

関野　その話を聞いてすぐに思い浮かんだのは、いま社会問題にもなっている「孤食」です。

現代の日本、とくに都市部では家族や仲間とともに食卓を囲む「共食」の機会が著しく減りました。

山極　孤食の原因は経済的な問題です。「時は金なり」という言葉に象徴されるように、現代は経済を最優先する時代になってしまった。大切なコミュニケーションの場である食事も、どんどん省略化、効率化されて共食の機会が減ってしまっている。

もちろん、どんな時代でも民族でも、ときにはひとりで食事する場合もあるでしょう。しかし、どの民族でも基本的には家族や仲間と同じ場所で同じ物を食べようとする。互いに対面してコミュニケーションをとる食事は、共同体をつくる手段だったともいえるんです。

ところが現代は、人とのつながりで生まれる〝しがらみ〟によって、自由が奪われるのを嫌がる人が増えた。インターネットを使えば、人と会わなくても、会話を交わさなくても、必要なものを手に入れることができるわけですから。その結果、しがらみからは解放されましたが、あまりにも自由になりすぎて人とのつながりを失い、みんな孤独になってしまった。その半面、いまはみんな必死で信頼できる集まりの場を求めていますよね。インターネットのなかに会ったこともない人たちの共同体が本当にたくさんあります。

関野　たしかに人と人とのつながり方、共同体のあり方は大きく変わりました。いまの日本では、人と関わらなくても、共同体に所属しなくても、お金さえあれば、死ぬことはありません。

山極　でも、アマゾンやアフリカの熱帯雨林ではそうはいかない。いくらお金を持っていたとしても、知識や技術を身体のなかに蓄積させなければ、生きていくことはできませんよね。しかも自然のなかでは、同じ現象は二度と起きないから、蓄積した知識や技術を応用して、常に起きる想定外の事態に対応しなければならないんですね。

関野　そう考えると、アマゾンの子が生き生きして見えるのは、毎日、想定外のことが起きるからなのかもしれませんね。子供でもナイフ一本あればジャングルで生きていける。魚や動物を捕まえて食べることができるし、雨、風をしのぐ家だってつくれる。幼いうちから知識や技術を蓄積しているわけです。

逆に日本では、たとえ十歳の子でもお金を持って店に行けば、六十歳を過ぎた私や山極さんと同等のサービスを受けることができるけれども、お金がなければ何も手に入れられない。生きるための知識や技術の蓄積ではなく、お金だけが命綱というのが実状です。これは子供だけの話ではありませんね。

共同体と家族に属して

関野　話を戻せば、私が学生時代から通っていたアマゾンの先住民マチゲンガの共同体では、孤食と共食をとてもうまく使い分けていました。

たとえば、イナゴや小魚など小さな獲物を捕ってきたときには、みんなで食べたりはしません。それぞれが好き勝手に四六時中、孤食しているんですよ。この場合、「孤食」というよりも「個食」ですかね。

一方、ペッカリー（イノシシに似た偶蹄目の動物）などの大きな獲物をみんなで協力して捕獲した日は、お祭り騒ぎ。役割分担がはっきりあるんです。解体は男。内臓を取り出すのは女たちの仕事です。女たちは、内臓を各家庭に均等に分配して、それぞれが家に持ち帰って煮物にする。

その後、男たちが櫓《やぐら》を組んで二十四時間くらいかけて弱火で肉を燻す。そのときに二度目の分配が行なわれて、共食が始まる。男と女が別々の車座をつくって、私のようなヨソ者にも男たちが輪の中に入るよう声をかけてくれる。柔らかい肉を妻が夫にあげたり、兄が弟に分けたりしながら、楽しげに食事していました。

郵便はがき

料金受取人払郵便

新宿局承認

5491

差出有効期間
平成27年3月
14日まで

（上記期日までは
切手を貼らずに
ご投函下さい。）

160-8790

324

東京都新宿区西新宿7-4-3
升本ビル 7階

東海教育研究所
愛読者係行

1608790324　10

アンケート　この本をなにによってお知りになりましたか。

1. 広告をみて（　　　　　　　　　　　　）

2. 書評をみて（　　　　　　　　　　　　）

3. ダイレクトメールで　4. 図書目録をみて　5. ホームページをみて

6. 店頭で　7. 人にすすめられて　8. テキスト　9. その他

(URL) http://www.tokaiedu.co.jp/bosei/
TEL.03-3227-3700　FAX.03-3227-3701

望星メールマガジン（無料）配信を　□ 希望する　□ 希望しない
新刊案内等（無料）の送付を　□ 希望する　□ 希望しない

おそれいりますがお買い上げの書名と書店名をお書き入れください。

書　名　　　　　　　　　　　　　　　　　　　書店名

ご購読ありがとうございました。本書に関するご感想、今後の刊行物についてのご希望などをお寄せください。当研究所発行・月刊『望星』の「読者の広場」で紹介させていただく場合もあります。なおご記入いただいた個人情報は、書類の発送、ご案内以外には使用いたしません。

住　所　□□□-□□□□　☎

名　前《フリガナ》　（　　）才

職業

Eメールアドレス

（ここには記入しないでください）

取次

月刊「望星」を　　　月号から、　　　年間定期購読を申し込みます。（年間 6,960円）

マチゲンガの村に居候しながら、彼らは生きるために食べる個食と社会性を保つ共食を使い分けているんだな、と感じました。同時に、アマゾンの生活で最も大切なのは、この人とのつながり――共同体なのではないか、とも思ったわけです。自然のなかでは、人は孤立したら生きていけませんから。

山極　そうなんです。孤立したら生きていけない。だから社会が発達したんですよ。

二〇一二年に刊行された『人類大移動』という本（印東道子編、朝日選書）の中で、私は「ヒトはどのようにしてアフリカ大陸を出たのか」について書きました。

遺伝的に人間に最も近いのは、アフリカ大陸にすむゴリラとチンパンジーです。人の祖先は、約九百万年前にゴリラと、七百万年にはチンパンジーと別れたと推測されています。以来、ゴリラとチンパンジーはアフリカの熱帯雨林やサバンナに残ったけれど、人類の祖先は少なくとも百八十万年前にアフリカ大陸を離れていきました。

人類の祖先は、狩猟のために道具を用いて、攻撃性を鍛えた。やがて狩猟に使っていた武器を同じ人間に向け、武力によって社会の秩序をつくり出した……。いまも多くの人が、そんな考えに取りつかれているように思えます。人類は狩猟によって進化して、オープンランドに進出できたのだ、と。

関野　なぜ人が道具を使うようになったのかは、さまざまな仮説がありますよね。

山極　そのひとつが狩猟仮説です。一九六八年に公開された『２００１年宇宙の旅』という映画があります。関野さんもご覧になっていると思いますが、とても有名なシーンがありますよね。

宇宙から来た謎の物体に影響を受けた猿人が、動物の大腿骨を武器にして狩猟を始める。やがて武器は敵対する猿人に向けられて争いを生む――。

これは、人類の進化は武器とともにあったというスタンリー・キューブリック監督のメッセージだったのでしょう。でも、それは間違いだと私は考えているんですよ。

人間は、狩猟によって進化したのではなかった。その逆で、人間を襲う強い肉食獣から協力して身を守り、生き延びるために、コミュニケーション能力や共同体を発達させてきたんです。

人類の祖先は、類人猿が果たせなかった熱帯雨林の外に脱出した。さらにサバンナや砂漠を越えて、極北の地まで旅をしました。家族と共同体の存在が、長い旅を可能にしたんです。

関野　人間社会は、多くの家族が協力関係にありますよね。そして人間は、家族だけではなく共同体にも所属する。ほかの霊長類はどうですか。

山極　ゲラダヒヒやマントヒヒも複数の家族が集まって生活していますが、人間は家族を離れて別のグループもつくります。それが共同体です。

人間以外に、家族と共同体を両立させた動物はひとつもいません。なぜなら家族と共同体の論理は対立するからです。家族は見返りを求めずに互いに奉仕し合う。たとえば親は子供のためにすべてなげうつでしょう。でも、共同体ではそうはいかない。自分と仲間の利益のバランスを常に考えなくてはならない。家族と共同体の二つを両立できるのは人間だけなんです。

関野 私は、二〇〇九年から一一年までインドネシアのスラウェシ島の小さな集落に暮らすマンダール人と一緒に石垣島まで四千七百キロの航海をしました。彼らの村には日本では崩壊しつつある共同体のつながりが生きていました。親戚がみな近所に住んでいて、子供も大勢いる。年寄りたちは老後の心配は一切していない。誰かが年寄りの面倒を見るのが当たり前なんです。

だからこそ、一緒に旅をするクルー選びにはかなり苦労しました。じいさんや嫁さんがダメといったら絶対に村を出られない。縛りがあるんです。

東日本大震災直後、ボランティア医師として入った宮城県気仙沼市でも、共同体の縛りを感じました。

メディアでは「絆」とかいって、助け合い支え合う共同体のいい面ばかりを強調していましたが、でも、それならなぜ、あの被災地は震災以前に過疎地域になってしまっていたのか。共同体の縛りから逃れたくて、若者たちは土地を飛び出していたわけでしょう。その結果、地方の多くは衰退して、自治体によっては原子力発電所を誘致するしかなくなってしまった。共同体や社会ということについては、こうした負の側面もしっかり見ていかなければなりませんよね。

「国際競争力」は必要ない

山極　それについて関野さんの言葉を借りれば、私は、これからの日本で共同体を取り戻すには「ほどよい縛り」が必要なのかもしれないと考えています。

いまという時代は、文明の転換期にきていると思うんです。われわれはこの二百年以上、「経済成長」を最優先に考えてきました。そして新たなエネルギーをどんどん生み出してきた。それが、国際的な競争や南北問題に代表される貧富の格差を生み出したわけです。しかし二〇一一年の福島第一原子力発電所の事故で、それがいかに危険で無理な行為だったのかわかった。

私は、これからの人間と社会のあり方を考えるとき、キーワードになるのは「国際競争力」という言葉だと思っています。いまの日本ではこの言葉が、まるで錦の御旗、水戸黄門の印籠のように、あらゆる機会に持ち出される。原発をなくそうという考えや、TPPに反対する考えや、悪しきグローバル化を防ごうとする動きに対して、それで国際競争に勝てるのかとか、国際競争力を失えば日本には悲惨な末路が待っているとか、とにかく、あらゆる場面でこの言葉が未来の前に立ちはだかっている感じです。

関野　それはさっきの話でいえば、勝ち負けの論理、ニホンザルの論理ですよね。しかしヒトの社会はゴリラの「負けない論理」に近いのだと考えると……。

山極　そう。「国際競争力」などという言葉の中身は、はたして本当だろうかということです。もっと広い視野で世界のいまを眺め渡してみると、むしろこれからは無用な国際競争に巻き込まれるのを避けて、食料自給率を高め、自前の産業を育てようとする国や地域が増えてくるはずだと私は考えているんです。

関野　たしかに最近は、世界各地で小規模の農業が見直されたりしていますよね。巨大な農場にスプリンクラーで水をまき続けるような農業が続けられるわけがありませんから。地に足をつけて生きることの大切さに、あちこちでみんなが気づき始めている。それがグローバル化の潮流に対して、負けないことを主張しているようにも思えます。

山極　それは農業だけでなく、日本の地域社会、共同体にもいえるのはないでしょうか。やはり未来の建設は、自らの足下である共同体の文化や特色を見つめ直すところから始めなければならないのではないか、と思うのです。それが人類の存立基盤、人類という存在の原点でもあったわけですから。

（構成・山川　徹）

宇宙を見て地球を知れば、人類の未来への新しい発想も……

井田　茂

（日本惑星科学会前会長
東京工業大学地球惑星科学科教授）

いだ・しげる
一九六〇年東京生まれ。東京大学大学院理学研究科地球物理学専攻博士課程修了。理学博士。研究分野は理論惑星学、天体物理学、比較惑星学、天体力学。東京大学教養学部宇宙地球科学教室助手、東京工業大学理学部地球・惑星科学科助教授、カリフォルニア大学サンタクルーズ校留学などを経て現職。二〇〇七年、日本天文学会林忠四郎賞受賞。『系外惑星　宇宙と生命のナゾを解く』『ここまでわかった新・太陽系』『異形の惑星』などの著作がある。

「宇宙人」はなぜ信号を送ってこないのか

関野　私が一九九三年から始めた〈グレートジャーニー〉の一連の旅を、インドネシアからの丸木船の旅〈海のグレートジャーニー〉で締めくくったのは一昨年（二〇一一年）のことですが、それらの旅は、いってみれば狩猟採集の暮らしを続ける人たちや、その土地土地の自然環境に寄り添うように生きている人たちとの出会いの連続でもありました。

そんな旅のなかで芽生えた大きな疑問がありまして、それは「われわれ人類は、これからいったい、どこへ行くのか。どんな社会を目指していけばいいのか」ということなんですね。ちょっと漠然としすぎているかもしれませんが、今日は地球惑星科学という、興味深い分野を専攻されている井田さんがお相手なので、そういう方がいまの社会をどう見ているのか、将来をどう考えておられるのかという話をお聞きしたいと思っています。まずは井田さんの経歴なんですが……。

井田　僕は子供時代は非常に孤立していましてね。友人もいなくて、ずっと家に閉じこもって本ばかり読んでいたような少年でした。でも気がついたら科学に助けてもらって、世界に向かってつながっていたという感じです。科学を通して世界や他の人とつながることができたし、身近なものたちとのつながりも持てたりした。

僕が京大に入ったのは、益川敏英さんとか小林誠さんとかが活躍していた時代です。ちょっと前に二人はノーベル物理学賞を取りましたけれども、その理論が発表されたころですね。とてもかっこよかったので、みんながそういうことをやりたがっていて、おかげで大学院入試が厳しくてね。僕は弾き飛ばされて仕方なく京都から実家のある東京に戻ってきました。その後、ひとつだけ受かった大学院が東大の地球物理学だったわけで、宇宙のことをやりたかったので、地球物理のなかでも多少宇宙に近い太陽系の起源の研究室に潜り込みました。当時は日本がバブルに向かって駆け上がっているころでしたから、大学に行って勉強するなんてアホかと友人たちに言われていましたね（笑）。

関野　井田さんの専門は何ですか？

井田　惑星科学と、天文学です。学会でいうとその二つの学会に所属しています。

関野　この太陽系以外の惑星に生命があるとしたら、人間に近い生命体や、まったく異形の生命がいるかもしれない……。こういう発想ってなかなか面白いですよね。

井田　太陽系外に生物がいても、バクテリアレベルにとどまっているかもしれません。仮に進化していたとしても、地球人類とはまったく違う方向に進化しているかもしれない。地球外の知的生命体（宇宙人といってもいい）が信号を送ってこないか、アンテナを向けて待つという研究プロジェクトもあって、もう七十年やっていますが、何も信号はキャッチできていない。地球だけが奇跡的に高等生物を生み出したのか、それとも高等に進化しても地球人類とは違う方向に行ってしまっているのか、理由はわかりません。

関野　地球外の生命がいるとしたら、炭素化合物でできた地球生物とは別の体系の生命である可能性も高いと思いますか？

井田　もちろん炭素生物ではなく、たとえばケイ素生物の可能性もあってもおかしくはありません。そのことを科学者は誰も否定していません。ただ、ケイ素生物があまり議論されないのは、われわれが炭素生物で、そのタイプの生物のことをよく知っているので、太陽系外でも、まずは炭素型の生命から考えて探してみましょう、という順番の問題なんですね。

関野　僕らの地球は、隕石の衝突によってできたと昔読んだことがありますが……。

井田　もともと地球の付近を回っている「微惑星」と呼ばれる小天体が集まってできたのが地球だという考えです。ここ一、二年で、「地球型惑星」と呼ばれる、地球と同じ岩石成分主体でできていると思われる惑星が、一千個以上も発見されています。この銀河系に、地球型惑星が無数にあるというのは観測的に証明されてきたわけです。地球の年齢は四十五・五億歳です。太陽の寿命は、あと六十億年ぐらいかな。生命は別として、太陽が死んでしまっても地球が生き延びる可能性はあります。

関野　宇宙ができて百三十六億年だとかいわれますよね。そんなの聞くとわけがわからなくなりそうですけれど、宇宙のマクロの世界と、分子・原子レベルのミクロの世界と、本質を見極めるということは一緒なんですよね。

井田　同じです。基本の時間が違うだけなんです。銀河系の世界では、恒星が一回りする銀河の公転周期の数億年というのが、ひとつの単位になっています。その単位でいえば、まだ五十回くらいしか回っていないから、宇宙はまだ生まれたばかりともいえます。地質学を研究している人は、地球の大陸移動の時間スケールは何億年とかなので、日本列島はまだ生まれたばかりだと言ったりします。逆に、分子のシステムの振動時間はきわめて短いので、それを基準にすれば日常時間での分子システムは十分に進化してしまっているということもあります。

関野　うーん（笑）。そんな宇宙や地球の歴史のなかで、井田さんはそもそも、このわれわれはいったいどこからやってきたと思われますか？

井田　生命の起源ということですか？　これは非常に難しいです。地球のすべての生命は、共通の祖先から分かれて進化したことが、遺伝子解析からわかります。人類も大腸菌も大根も同じ祖先を持つわけです。しかし、おおもとの生命の起源はというと、これが難しい。そもそも生命とは何かという定義がよくわかりません。その定義は、生命は何かという本質的なところがわかっていないとできません。やっぱり人間はそんなに賢くないので、われわれは生命の定義を理解するうえでも、ほかの惑星、そこに住む生命を探索していくしかないんだと思っています。

いまは地球温暖化より「寒冷化」が怖い

関野　話は少し変わりますが、最近はCO_2が相当悪者にされていますよね。地球温暖化の原因は、人類の活動で出しているCO_2が原因だと思いますか？

井田　人為的なCO_2による温暖化が有力であるというのは間違いないと思います。しかし、地球の変動や太陽の変動など、これまでに行なわれてきたシュミレーションにはまだ入っていない要素もいっぱいあります。ですから、まだわからないというのが実際のところです。ただ、現状ではむしろ、怖いのはどちらかといえば寒冷化のほうですね。

関野　温暖化ではなくて寒冷化、ですか？

井田　これはよく誤解されることですが、いまの地球は氷河期です。なぜなら南極と北極に氷河がある。じつは南極と北極の氷河は、一千万年とか一億年とかいうサイクルで、なくなったり現れたりを繰り返しているんです。たとえば、恐竜がいた時代には南極にも北極にも氷河はまったくありませんでした。よく南極の氷が解けて大変だっていっていますが、そんな時代はいっぱいあった（笑）。

太陽活動は何百年周期で変化しているらしいですが、十一年という短い周期で黒点が増えたり減ったりというのがあるんです。二〇一二年から二〇一三年にかけては、本来なら太陽の黒点が極大期になっているはずなのに、これが完全にへたっちゃっている。黒点の数が急激に減っています。十七世紀に「マウンダー小氷期」というのがあって、黒点が出ない時代が六十年も続いたんですが、このときには猛烈な寒冷化が起きました。いままた同じような小氷期が始まったのではないかということも議論されています。ちょっと前まで温暖化だって騒いでいたじゃないかと思うかもしれませんが（笑）。

ただ、温暖化よりも寒冷化のほうがヤバイのはたしかなんです。なぜかといえば、食料となる作物が育ちませんよね。一方で人口はものすごい勢いで増えている。温暖化なら、作物をなんとか増やして畑を作って、どうにかすることもできますが、寒冷化したら、たちどころに食えなくなる。食料をめぐって戦争が起こる。大変なことになります。地球温暖化というのは、十年、二十年のデータでいうので、あんまりそういう短期的なデータに発想が縛られたらいけないということです。もっと長い目でものごとを考えていくことが大切ですね。

関野　シベリアで恐竜を発掘している人に、なんで恐竜は滅んだんですかと聞くと、「そんなの恐竜学者と同じくらい説があるよ」って言われました。そんななかで僕が気に入っている説がありまして……。

恐竜が食べていたのは、シダ植物とか裸子植物ですよね。それらは一方的に恐竜に食べられていた。ところがその後に出てきた花を作る植物は、昆虫などと共生できた。昆虫に、葉は食べられないようにするけれども、蜜をあげるから花粉をめしべに持っていってくれという形で共生関係になったから、花と昆虫はどんどん繁栄していき、恐竜はどんどん食い尽くすだけだから北のほうに追いやられていった。

たしかに恐竜の発見を見ていくと、北緯四十度とか五十度あたりがけっこう多いですよね。寒いところに追いやられた末に、隕石の激突があって地球が噴煙で覆われ、寒冷化して滅びたということになるんでしょうか。

井田 太陽光というのはものすごく影響が大きいので、取り入れる率をちょっと下げるだけで温度がバーンと下がってしまいます。いまは南極と北極に氷があるので氷期ですけれども、恐竜が生きていた時代はたぶん氷がなかった時代ですから、いまよりも相当温暖だったと思うんです。だから恐竜も北緯四十度五十度まで住めたと思うんですね。温暖だった気候で適応していた生物ですから、そこで小天体の衝突によって寒冷化がもたらされたならば、覿面《てきめん》に効いちゃいますね。

核エネルギーは人類には制御できない

関野　一昨年（二〇一一年）の三月に東日本で巨大地震と大津波で大変な被害が出ましたよね。原発事故も起こりました。地震について話をお聞かせ願えますか。

井田　地震については、周期のことをちゃんと考えることが重要です。東日本大震災が起こる前までは、データから、もうマグニチュード９なんて地震は来るはずがないといわれていました。しかし、データはせいぜい百年くらいのデータしかありません。

　じつは地震というものにとっては、日本列島は地球上で特殊な場所なんです。プレート三枚がぶつかり合っているという、世界でも非常に特別なところに位置しています。頻繁に地震が起きたり、火山が噴くのは当たり前なんですね。ただ、そこにも十年とか数百年という単位での周期があるので、そこを見なければいけない。よく、どこどこで地震が起こる可能性が何パーセントってテレビで言ったりしますが、その理論はアスペリティ理論という、これまで五十年間くらいの静穏期につくられた理論なので、これからはそのままでは通用しません。それはもうあてにしてはいけない。

　いまは活動期に入ってしまって、そうなると数百年周期のデータなど存在しないので、古文書を見るしかないんです。古文書によれば、いったん活動期に入ると、五十年ぐらいそれが続いて、その間は超巨大地震が何回か起き、火山が噴火したあと、数百年間静かになる。いまはこの活動期に入っちゃったのかな、ということを多くの地震学者が言っています。だからマグニチュード9ぐらいは、「数十年のうちにもう一回ぐらいは来るかもね。それから富士山が噴火するかもね」ってね。こういう活動期は江戸時代や平安時代にあったようなんです。こういう活動期には半世紀ぐらいの期間に巨大地震が連発したようです。そのことを頭に置かなくちゃいけない。

つまり、われわれの経験知や、近代文明ができてから後の知識が生かせないくらいの時代に、地質学的には入ってしまったようなんですね。そういうことは地震学会とか日本活断層学会とかが記者会見を開いて声明を出しています。でも、きちんと取り上げるメディアがなくて、完全に無視されていますね。原発を止めたほうがいいと声明で加えたら、報道すらされなくなった（笑）。

関野　原発を推進しようとしている人たちにとっては都合が悪いんでしょうね（笑）。井田さんは、あの東日本大震災以後、この日本に生きるということを科学者としてどう考えていらっしゃいますか？

井田　この地球の変動周期というのは、われわれの人生百年と比べたら、圧倒的に長いんです。場合によっては、人類が文明を築いてからの数千年よりもはるかに長い。ところがわれわれは、常識とか感覚でものを言ったりします。勘とか常識とか感覚というのは、その人の人生の経験値しかないわけですね。たかだか数十年の経験からいうことにすぎない。地球の変動周期はもっと長いんです。そこでいえることは、人生の経験からくる感覚というのはまったくあてにならないということです。

アインシュタインの法則で有名な $E=MC^2$ は、質量を消し去ると出てくるエネルギーは、減ったぶんの質量に法則の二乗を掛けたような量が出てくる、とんでもなく大きな量が出てくるというものです。そういうものを利用したのが原子力発電や核爆弾だったりします。太陽が燃えているのも核融合によるものですが、そんなふうに、とんでもないエネルギーが出るんです。工学者は核エネルギーをコントロールできると言いますが、自然科学者は「人類がコントロールできるような代物じゃないよね」「いつまた大地震が来るかわからないしね」って思っています。それが自然科学者の普通の感覚だと思います。

いろんなデータがそろっていますから、この時代に原発を動かすのは正気の沙汰ではないと思うのが正直なところですね。惑星や地球を学んできた専門学者では、かなりの人がそういう感覚を持っています。

原発はそもそも核廃棄物をどうするかという問題がまったく解決していないのが大きな問

題なのですが、そういうリスクを知ったうえで電力も必要だというのなら、それもひとつの解だろうけれども、やっぱりリスクをちゃんと理解したうえで議論するべきだと思います。

「技術」では根本的な解決は図れない

関野　過去の文明はすべて滅びました。現在の文明もさまざまな問題を抱えていて、このまま いくと崩壊してしまうでしょうと、僕は言いたいわけですね。背負いきれないはずのリスクを背負って動かしている原発もそうですが、人口の爆発的な増加や、やむことのない自然環境の破壊、食料の不足、資源の枯渇……どれをとっても現状から見えているのは危機的な未来像です。

こんな状態に立ち至った最大の原因は何かといえば、僕たちの肥大化しすぎた「欲望」のせいだと思うんです。世の中には欲望を我慢できる人と、できない人がいるんでしょうが、いまはもう、みんなこれ以上の欲をかいて「経済成長」だなんていっている場合ではない。欲望を制限する知恵を働かせて、逆に経済的には減速していかなければいけないと思います。じつはそれがわかっている人も少なくはなくて、「減速社会」なんてこともいわれるけれど、それを謳って選挙を戦う政党は、少なくとも日本にはない。立候補する人もいない。

どの政党からも、景気をよくして、消費を増やして、つまりは地球を食い尽くして危機を招いてしまう方向の政策ばかりが打ち出され、先の総選挙（二〇一二年十二月の衆議院議員選挙）でも大方の国民によってそれが支持されてしまった。でも、このままいったら、将来はこの社会も世界も持続できないということは、資料を見ているとわかりますよね。

井田　そうですね。人口と食料の問題にしても、グラフを描くと食料の生産率より明らかに人口増加数のほうが高いので、どう見ても破綻するだろうと思います。技術革新で破綻を遅らせても限界があるなというのはわかりますよね。

関野　自然科学を研究している人のなかには、科学万能主義，科学至上主義というか、科学がすべてを解決してくれると考えている人もいるわけですよね。それはどう思われますか。

たとえば電気にしても、ＬＥＤができたり、冷蔵庫の電力消費量を減らしたりして、たしかにいろんな改良はできますよね。でも、それですべてが解決できるとは思えませんけどね。

井田　科学技術のほうの話ですね。改良はもちろんできますが、抜本的なところはなかなか難しいでしょう。たとえば原子力は、抜本的な飛躍を狙った夢のエネルギーでした。ただ夢のエネルギーであるがゆえに、制御するのが非常に難しいんです。質量をエネルギーに代えるという究極、重さを減らして物質をなくすことによってエネルギーにするという究極の生産方法なんです。それを人間の技術でコントロールできるのかというと、それが結局問題になっている。

ポーンと一足飛びにやろうとしたら、技術が追いつかない。でも一足飛びにいかないと、たとえばエネルギー問題にしても少しずつの改善はできるけれども一挙に根本的な解決は図れない。だから科学技術がすべてを解決できるとは僕は思わないですね。

関野　井田さんがいろいろやられてきたうえで培ってきた思想から見ると、いまの世界で生じているエネルギー問題や人口問題、格差社会の問題などは、どんなふうに捉えられているんでしょうか。

井田　まずは実際に起きていることを正確に捉えるというのが原則だと思います。そこから先、何を提言していくかというと、そこがじつは科学にとって大きな課題ではあると思うんです。

つまり科学は、いま何が起きているのか、ものごとをどう見るのか、そのことは指し示すけれども、いかに生きるべきかを指し示すということはないわけです。科学者がいかに生きるべきかを語ったときはもう、その言葉はその人個人の感覚の領域に入ってしまうので、万人が理解し合え、実証をベースにすることで強力な力を持っている「科学」ではなくなってしまう。

関野　とくにエネルギー問題に関していうと、正確なデータを集めて「判断」をしてもらうのがいいじゃないかという意見もある。つまりどうしたらいいかを科学者は示すべきだという人もいるわけですが……。

井田　正確なデータだけ示せばいいという落とし穴は、僕もわかっているつもりです。科学的なデータが提示されて、それで何が起こるか想像できるのはトレーニングを積んできた人だけなんです。原発事故のときも、科学者たちは「なんでこんなデータの出し方をするんだ、グラフにしないとわからないだろう」って文句を言っていました。ところがグラフを描いて見せたところで、トレーニングを積んできた科学者にはグラフの意味することが瞬時に理解できるけれども、そうでない人たちにとっては、「この折れ線グラフなに？」で終わってしまって、そこから何かを読み取ることはすごく難しいと思うんです。そこの兼ね合いが僕自身もいつもジレンマを感じています。

だからある程度、これが意味することはこうだ、と踏み込んで言ってあげなくちゃいけない。でも踏み込みすぎるとどうなるか。それはあなたの解釈でしょ？　ほかの解釈もあるでしょ？　と突っ込まれるとそれ以上は言えなくなってしまう。だから難しいところですね。どこまで言うのか。データだけを正確に示せば、それでいいとは必ずしも思いません。そうではないというのは僕も認識しています。

問題解決には柔軟に対応できるシステムを

関野　原発事故に限らず、何か問題が起きたときに、その解決の仕方について井田さんが考えるうえでの「方針」のようなものってあるんですか？

井田　僕自身は研究の面においても、何かこういうことがやりたいという目標が最初からハッキリしていてそれに向かってやってきたわけではないので、そのつど目の前で考えていくしかない。失敗しても、面白い方向に流れたり、発見があったりする。最初から目標を立てて行こうとするのは、ある意味、みんな考えがちな方向性であって、そこに新しい発見はないというか……。

よく問題解決のためにロードマップをつくるというやり方がありますけれども、素晴らしい目標を立てたところで、現実にはなかなかうまくいかないし、それがベストかといわれたらわからないですよね。何か状況の変動があったときに、すぐに対応できるようにして、それまでの経緯とかしがらみにとらわれずにフレキシブルに動けるようにしておいたほうがいいのかなって思います。

いじめの問題にしてもそうで、いじめをゼロにするというロードマップがあるけれども、そんなことはあり得なくて……。そうじゃなくて、いろんなケースでいろんないじめが起きるわけだから、そのときに柔軟に対応できるようなシステムをつくっておくほうが重要ではないかと思うんですね。少なくとも僕個人はいろんな問題に対してそういうふうにしています。何が起きたって自分の思ったとおりにいかないことなんていっぱいあるけど、それが逆に楽しいじゃんという心の持ちようにしておくと、本当に楽しくなる。

みんなが行く方向じゃないところに飛ばされちゃったら、そのことで、みんなが見つけていない面白いことが絶対見つかるので。そしたらあえて飛ばされて流されちゃってもいいじゃないかと思うんですね。僕自身はそれで楽しくやってこれたし、個人としてはそういうふうにやっている。あまりガチガチのロードマップをつくらないほうがいいかなって思います。

関野　僕は四十年以上にわたって、五千日以上旅をしてきました。人のためにやってきたわけではありません。でも結果として、自分が治療した患者さんから、「テレビを見て勇気づけられました」「元気が出ました」と言われるととても嬉しいですね。

武蔵野美大で教えていて、さまざまな相談を受けます。そのなかで社会的意義とか、社会のために役に立つことをやりたい。どうしたらいいでしょうかと聞いてくる学生が多いです。僕は「若いうちは好きなことを思いっきりやれよ。社会に役立つことは自分を磨いてからゆっくりやればいい」と言っています。

井田　結局、何かの役に立つという目的ができて、それに合わせるようになってしまって、自由な発想やきちんとした議論もできなくなってしまう。それは全然面白くないなって僕は思いますね。日常生活とは違う世界、もっと異なるものがあるってことは、とっても日常生活を豊かにすると僕は思っていて、そういう問題ってものすごく大切なんじゃないかって気がしているんです。皆さんを喜ばせようと思ってやっているわけじゃなくて、自分が楽しくて知り得たことは、ほかの人にも楽しいんじゃないかと思います。

関野　井田さんには先日、武蔵野美大で学生に話をしていただきました。そのときの質疑応答で「自然科学の特徴的な役割は何か」と学生が質問していましたね。とくに宗教との違いとかをお話し願えませんか。

井田　科学は共通言語をつくってお互いに完全にわかり合えることをベースにものを考えていくのに対して、宗教は、悟る人がいて、その人が自分の考えを広げていくということなのかなと思います。じつは科学者で坊さんでもある人って意外にいるのですが、多くは単に家業としてやっていて、その人たちに「どうやって科学と宗教を両立しているの？」って聞くと、「べつに両立とか関係なくて、檀家がいるから。ちょっとお盆とは手伝わないといけないんだ」って（笑）。

ただ、科学はいま何が起きているのか、ものごとをどう見るのか、そのことは指し示すけれども、いかに生きるべきかを指し示すということはない。宗教が世界のなかで力を持っているのは、分析とか基礎とするものが脆弱であるにしても、いかに生きるべきかを指し示すところに強みがあるからだと思うんです。

科学には、個人個人に非常に依存しやすい感覚とか感性を排除することで、ほかの人とつながれるという特徴があります。たとえば哲学だったら、言葉ひとつとっても哲学者の解釈論が無限にあったりしますよね。そういうことが起きないように事実だけを伝えるのが科学です。もっとも、欧米に住んでいる科学者には、キリスト教の影響を受けていて、個人的発言が出たときには科学的発言ではなくなってしまうようなことはありますけどね。

他の惑星に思いを馳せて「地球」の意味を知る

関野　僕は二〇〇九年から二〇一一年まで三年かけて、インドネシアのスラウェシ島の小さな村に暮らすマンダール人と一緒に沖縄の石垣島まで四千七百キロを航海しました。そのときクルーとして二人の若者を連れていきました。それまでにも若者に「一緒に関野さんの旅に連れていってください」と言われることが多かったのですが、「若いときはひとりで自分の身の丈に合った旅をしたほうがいいよ」と言って断ってきたんです。しかし今回は積極的に若者に声をかけました。

美大というものづくりの大学なのに、「自然から素材を自分でとってきて作品を作る」ということがほとんどなされていなかったからです。今回の計画は、自分たちで砂鉄を集めて、炭も焼き、たたら製鉄をして鋼をつくり、斧やナタ、ノミなどの道具づくりをするところから始めて、古代のカヌーを自作し、そのカヌーで沖縄まで、GPSもコンパスも海図なども使わずに、自分の五感だけを存分に使って航海をするというプロジェクトでした。

自分だけでするのはもったいないと思ったんです。きっとさまざまな気づきがあるだろうと思ったからです。予想どおり、若者たちはものづくりの段階からさまざまなことに気づいていきました。日常のなかに自分自身の新発見を繰り返していくというのもいいものでした。

井田 研究でも進展があったときが一番嬉しいですね。科学は発見がみんなの共通財産になる。みんな子供みたいな顔して「俺、わかったぞ」って（笑）。それが間違いということも多いのですが、でも、みんなプラス思考です。みんなが間違えるくらいの勘違いの仕方をしていたとわかったのは進歩だと考えるわけです。

関野 科学とアートの関係についてお話し願えますか。

井田 以前、アーティストの方と対談したことがあって、僕は最初、挑発的でした（笑）。「アートって自己を表現することですか？　自己を表現するって、なんでそんなに自信を持っているんですか」って。そしたら「全然違う。表現するような自己なんてない。自分自身を世界にさらしてみて、自分を通して世界が表出するだけであって、表現するような自分なんてない」ってハッキリと言われました。単に自分は道具でしかないというわけです。

僕は科学者ですけれど、やっていることは似ているなと思いましたね。ただ、僕らは道具として自分の生身を使うというよりは、科学という方法を使う。なおかつそのツールは共通にしましょう、と。そうすると、ほかの人がわかったことは、そのツールがあれば、自分もわかる。アインシュタインがわかったことが僕にもわかる。だから、その道具立ては違うけれども、世界に対する対し方はすごく似ているな、と思って、アーティストも面白いなと思ったんです。

関野　僕は大学生のころからアマゾン、アンデス、パタゴニア、ギアナ高地に行っていますが、楽しくてやってます。よく「あんたのやっていることはどういう社会的な意味があるの」と聞かれて、「とくにないよ」って言うと「なんで遊んでばっかりいるの」って言われるんですけれども（笑）。でも科学ってそういう面がありますよね。

井田　そうですね。科学が実生活に役に立つかと言われたらまったく役に立つわけがない（笑）。じゃあ要らないかといえば、花より団子という言葉がありますが、団子だけじゃなく花も大切だと思っているからそういう反語的な言葉があるわけですよね。アートも同じじかもしれませんが、目に見えない、われわれが住んでいる日常世界の外のものたちがあることを知るというのは、僕はすごく大切だと思います。日常生活だけを知って暮らすのではなくて、見えないその外に思いを馳せながら暮らすことは、日常生活をとても豊かにすると思います。

　この地球とまったく同じような惑星がある確率はほとんどゼロですが、ちょっと違う惑星は無数にある。ほかの惑星を観測し、そこに思いを馳せることは、われわれの惑星（地球）の意味を知ることになると思うんです。

関野　多くの深刻な問題を抱えたわれわれの未来展望にも、そうした大きな視野や考え方からの発想が必要かもしれませんね。

（構成・吉田　正）

人も社会も「成熟」したら、創造的な「没落」を目指そう

島田雅彦

（作家・文芸家協会理事・法政大学国際文化学部教授）

しまだ・まさひこ
一九六一年東京生まれ。東京外国語大学ロシア語学科卒。在学中の一九八三年、『優しいサヨクのための嬉遊曲』で小説家デビュー。以後、小説だけでなく戯曲やオペラ台本、翻訳などで鼻広く活躍。『彼岸先生』で泉鏡花文学賞、『退廃姉妹』で伊藤整文学賞、『カオスの娘』で芸術選奨文部科学大臣賞受賞。近著に『迷い婚と悟り婚』『英雄はそこにいる』など。公式ホームページ「彼岸百貨店」（http://island.geocities.jp/narcoshaman/）も開設している。

産業文明には破綻がプログラムされている？

関野　いまの文明は、どこか特定の地域の文明ではなく「世界文明」ですよね。この文明も、かつて古代文明が滅んだように、いずれ滅びるのでしょうか。そうだとしても、できるだけ長く持続させたいと思うんです。これから島田さんと、いまの文明の置かれている現状を考えて「私たちがこれから生きていくにはどうしたらいいのか」という「人類の生き残り戦略」を語り合えればと考えています。僕は医者でもありますが、医者は患者を診るとき、まず現在の病状を診て、さらにその人の過去に遡っての病歴を診て、それから診断を下します。そして最後に出すのが処方箋です。今日は島田さんに、いまの文明に対しての処方箋まで出していただければと期待しているんですが（笑）。

島田　僕は自分自身が病んでいますから……（笑）。

関野　医者の私から見ると、資源を大量に使い、大量生産、大量消費、さらに大量廃棄を続けるいまの文明社会は、持続的に生きていこうとするなら、病気の状態だと診断します。島田さんはどう見ますか？

島田　僕は、持続可能な社会をどう構築していくかという発想自体が、資本主義を前提にしたものだと思うんです。資本主義から出てきた一種の倫理的な動きに見える。それらは環境問題と連動しているのでしょう。

ただ、人類史を長いスパンで俯瞰すると、産業革命以降の資本主義や産業文明というのはごくごく短い期間のものでしかない。産業革命の萌芽から数えてもせいぜい四百年です。その前の圧倒的に長い期間、農耕と牧畜によって作られた文明が、ちょうど古代文明と同じくらいのスパンであって、さらにそれ以前は自然と共存共生する狩猟採集生活。人類の営みとしては圧倒的な長さで狩猟採集が続いてきた。

関野　人類史の九九パーセントの時間がそうですね。

島田　関野さんは、まさにそうした狩猟採集時代の片鱗を残す多くの先住民に会っているわけですね。自然と共存するとか、共生するという文明では、人間の営みが自然のサイクルに含まれているので、あえて持続の可能性など考えなくても、自然の営みに則していさえすればよかった。

現代人が人類の未来といった大きな問題を考えるときには、現状の産業文明になってからの意識でものを考えます。仮に原始に戻れと言ったところで、それはとうてい不可能だという前提がありますよね。そのなかで産業文明の恩恵に浴しつつ、延命に向けてできることは何かと普通は考えるのですが、僕は産業文明や資本主義はもともと自滅するようにできているというか、あらかじめ破綻がプログラムされているようなものだと思うんです。

関野　破綻するようになっているということ？

島田　たとえば、マヤとかアステカの文明では破滅や終末が暦のなかにプログラムされていたように、ひょっとしたら産業文明を生きている現代人の意識のなかにも、自滅とか破綻があらかじめプログラムされているんじゃないかと思うんですね。だからこそ、われわれはそれを避けようとするけれども、放っておけば滅びるというのは、すでに人々の間でも自明のことなんじゃないかとね。

じつはその感覚は、古代の人々の間ではもっと明らかで、古代エジプトや古代中国、古代ギリシャの人たちは、現代人と比べるとめちゃくちゃ頭が良いと思います。そんな紀元前の時代にこんな発想をしているのかと驚くはずです。

関野　それは文明の内容も含めての話ですか。

島田　そうです。たとえば社会のシステムや統治機構なども、古代文明のなかには現代と変わらないものがあります。具体的には、選挙のたびに思うのですが、民主主義という政治システムひとつとっても、いまの日本と較べれば古代ギリシャのほうがずっと進んでいたと私は思います。民主主義に対して、ある諦めも古代ギリシャ人は持っていますし、ウィンストン・チャーチルが言ったように「最善ではないが最悪でもない」程度の認識は持っていたようです。

本当は欲がなく、市民を大事に思ってくれる聖人君主のようなリーダーがいてくれるのに越したことはない。けれども、そういう理想はすでに崩れていて、大衆人気を当て込んだ暴君のようなリーダーが現れるのは避けられないことも経験的にわかっていました。だから、それをうまくコントロールしなくてはいけないという思いがあったようです。

物質文明を支える技術にしても、青銅器や鉄器ができたころには、石器時代に比べて遥かに強力な大量殺戮兵器ができていました。それを利用して戦車などで駆動させていけば軍事大国に容易になれたわけですよね。そうして、そのテクノロジーの恩恵に浴していた。このまま行けば世界征服できるだろうという思い上がりもあったでしょう。しかし、ここが偉いところで、彼らにはどこかで、これ以上発展すると滅びるのが早くなるから、このへんでちょっと止めておこうかなという意図もあったと思うんです。

古代人は本当に利口だったけれど、利口であることへの恐怖も感じていたのではないでしょうか。人間社会は二千年とか三千年かけて、ゆっくり進化したように思われているけれど、一度発展し始めたものは、放っておけばどこまでも発展してしまうので、それにストップをかける意思が働いていた。だから長いスパンで古代史を振り返ると、文明のなかには破壊というか、ここで終わりという部分を、人間は企図して潜ませていたんじゃないかと思えるんですね。

関野　長持ちさせようとしたのではなくて、意図してここでやめさせたと？

島田　そういう無意識というのかな。

関野　だとしたら、現代文明にとってはまさにいまがそのタイミングですね。

島田　そう。だからいまでもアプリオリに、みんながその無意識は持っているのじゃないんですかね。ただ、ここでもうひとついうと、文明というのは、その時代に生きている人たちの平均的な知的レベルではなくて、二、三人の天才がいることでパッと一気に動くものだと思うんです。

関野　その、歴史を動かすリーダーですが、タイプは二つありますよね。ひとつはある少数の天才集団が民衆を率いる、もうひとつは民衆のなかから凡庸でもいいからリーダー格がつくられる。

島田　それは、天才の「できすぎ君」ばかりにリーダーをやらせていると早く滅びるから、交代をするんです。あるいは、天才といえども寿命のある個体でしかないから、歴史が急伸する期間はそう長続きしない。昔は職業も権力も世襲制が多いですけれど、三代とも天才というのは確率的に非常に低いですよね。ジュニアとかグランドジュニアはだいたい馬鹿です。だから放っておけば堕落していく。それでうまくいっていたのではないですか。

折々のリーダーも、天才ばかりではなくて、必ず二代目、三代目に凡人がなって、発展がちょうどよいくらいに頭打ちになっていた。常に傑出したリーダーばかりにやらせていると、社会発展とかテクノロジーの発展は早くなるけど、破滅への加速をつけることとなる。それで、どこかで発展のスピードを上げすぎないように、逆のエッジが文明のあらゆる時代で働いていたような気がしているんです。

物質文明ももとは自然からできているのだが…

関野　文明そのものの破綻ではないのですが、たとえば電球というのは、あらかじめ一千時間ぐらいで切れるようにできているそうですね。エジソンが電球を発明したときは、できるだけ長く持つ電球を作りたかったらしくて、その後改良が重ねられ、最高で二千五百時間持続できる電球ができたそうです。しかし、その時点でメーカーが気づいてしまった。これじゃあ売れる数が伸びないと。それで千時間程度で切れるようにしようということになったといいます。似た話はほかにもありそうですよね。パソコンとかテレビとか……。

島田　そうですね。電子機器に関しては、フォーマットが変わることでユーザーはいつも裏切られた気がしていると思います。たとえば、レーザーデスクってありましたよね。僕は高級機を買って五年くらいで使わなくなってしまった。CDの後はMDっていわれたけれど、いまはMDもない。いろんな録音機器、再生機器は、技術が変わるたびにハードが変わってね。今度こそ騙されないぞと思って買ったのが、電子書籍のリーダーだったんです。しかし結局普及しなかった（笑）。

関野　資本の論理で動いている限り、商品を長持ちさせることはできないんですね。ただ、電球の話をしたのは、LEDのような寿命が長く電力消費も少ない電灯が出てきたのを見て、これからは科学を、単に便利で快適にという方向ではなくて、いかに資源を使わないですむかという方向で使えるようできるんじゃないかと考えたからなんですが……。

島田　しかし結局は電球でも何でも、資本の原理が浸透してくると過剰生産は避けられなかったわけですよね。過剰生産すると消費のサイクルを早くして製品を売りさばく必要がある。製品の寿命は当然短くされてしまいます。

ひと昔前の電化製品は、人々の平均年収から比べるとかなり高額なもので、「一生もの」という感覚があったと思います。耐用年数もいまと比べてずっと長く設定されていた。商品の耐用年数というのは、電化製品が普及する前はもっと長くて、衣類で比較するとわかりやすいですね。いまはユニクロ製品のような、そこそこ品質はいいけど安いものを短く着る。昔はスーツを新調するというのは結構覚悟がいることで、普通のサラリーマンは数年に一度くらいしか新調できなかった。着物の時代はもっと長いですよね。これはもう消費財というとらえ方ではなくて、財産でした。親から子、孫に受け継ぐものだった。昔のほうがひとつひとつの耐用年数は長いし、衣類も家具も道具も、身のまわりのものは財産と捉えていたわけですね。

関野 昔、着物は代々受け継がれたし、質屋があったからお金になりました。本でもそうでしたよね。学生時代、『広辞苑』とか『資本論』とかサミュエルソンの『経済学』とか持っていれば、酒を飲む金がないとき質屋に持って行くと一回ぐらい飲めた（笑）。ものを大切にした時代ですね。いまはそうじゃない。

島田 まあ、どんなに大切にしても、ものというのは結局は壊れたり破れたりして使えなくなるんですけどね。そうして自然に還っていく。どんなものも、原料はすべてもともと自然のものなんですから。

関野 そう。たしかにあらゆる製品は自然物が原料なのですが、現代文明ということで考えた場合、そこにも問題を抱えています。たとえば、僕がつき合っている先住民たちは、歴史を通じて今日まで植物や動物という生物資源しか使ってこなかった。それは、いくら採っても再生するものです。それに対してわれわれは、産業革命以降、鉱物資源を、環境を痛めるほど使い始めた。鉱物資源も、たしかに自然物だし、採って利用すること自体は先住民たちと変わらないんだけど……。

島田　たしかにそうです。コンピューターのような複雑な機械でも、もとはといえばＩＣなんてただの砂ですからね。ケイ素ですから。鉄もある意味無尽蔵に地面に埋まっていて、しかも錆びてもとに戻るサイクルがあります。ただ、そのサイクルが利かない再生不可能なものがあるわけで、化石燃料はその最たるものですよね。

関野　生物はだいたい炭素と水素と酸素と窒素で九〇パーセント以上できていて、燃えても大して害のあるものにならないんです。しかし鉱物資源は燃えなかったり、有害なものになることがある。

廃品、廃棄物ということでいえば、アマゾンの先住民のところではゴミというのは少しも忌み嫌うものではないんです。彼らはとてもきれい好きなので、バナナの皮や芋の皮などは集めて外に捨てるんですが、動物が持っていって食べたり、微生物が分解してそこに木が育ったりして、ちゃんと循環している。ゴミを忌み嫌い、邪魔なものとして問題になったのは、この文明が鉱物資源、とりわけ石油を使うようになってからだと思うんです。

島田　文明の発展のなかで、ものを加工する度合いが進んだというか、そういうことの結果でしょうね。昔は自然の原料を、加工の度合いも少ないまま使っていた。ところが石油を繊維やプラスチックに加工して製品をつくり、それを自然の中に置いたとき、自然の力では元に戻らなくなってしまった。そこで廃棄物の問題が出てきたと思います。文明というのはもともと自然界にないものをつくり出す営みです。産業革命以後、自然のなかではできようのないものをつくるようになったので、当然ながら自然は処理しきれずに、廃棄物がそのまま残るようになってしまった。核廃棄物もそうですよね。

関野　それでいえば、文明とは処理できない廃棄物を生み出す営みだ、ともいえそうですが、それだと間違いなく廃棄物によって人間は滅びてしまいますよね。滅びないためには、これからは自然に戻らないものはつくらないようにするとか、廃棄物を分解させるバクテリアのようなものを見つけるとか、そういう方向に科学や技術を向かわせなくてはいけませんね。それはできるのではないでしょうか。

島田　そうせざるを得ないでしょうね。

選挙と原発事故に見る「ハチドリの一滴」

関野　ただ、現実の世の中は、そういうふうには向かっていないですよね。

島田　それは原発に対する態度に如実に現れていますね。短期的に見る場合には、電力が足りないので、それが景気減退の原因になるから、発電を継続するためには原発を維持しなければいけない、という産業的な要請がある。目下そういうコンセンサスを国民的につくり出すために、メディアまで抱き込んで、原発推進容認の世論がつくられています。

ただ、一回あんな事故を経験してみて、誰もが気がついたと思うんです。要するに禍々《まがまが》しいものが放たれてしまったのであって、自然には治癒力や回復力というものがあるけれども、ひとたび放射線で汚染されてしまうと、それがかなわなくなると。そうなったらもう、そこを放棄するしかない。

だから福島第一原発の周辺の土地は、領土的に喪失したと見るべきだと思います。たぶん、尖閣諸島なんかよりも広範囲にわたる領土を、われわれは失ったことと同じだと――。

原発のあるところでは、核廃棄物が毎年毎年出てきますよね。汚染水だって大量に出てくる。これは、地下に埋めて、そこを触らないようにするしかない。自然を再活用することができなくなる状態です。

関野　フィンランドでは埋めていますよね。「オンカロン」といって、フィンランド語で隠し場所という意味だそうですが、これは地下を五百メートル以上掘って核廃棄物を埋め、十万年後には開けられます。各国が頭を痛めるのが原子力発電所の廃棄物処理問題です。オンカロンはフィンランドが世界に先駆けて建設した核のゴミの最終処分場です。施設が国内で排出される核廃棄物で満杯になる約百年後には入り口が完全封鎖されるといいます。

核廃棄物の最終処分が難しい理由は、じつはその先です。廃棄物が出す放射線が生物にとって安全なレベルに下がるまで、欧州の基準では少なくとも十万年かかるとしています。廃棄まで考えると原発は本当に相当のコストがかかるんですね。それなら原発はやめさせたほうがいいのではと思いますけどね。

島田 核廃棄物の後始末のコストとか廃炉のコストを、発電コストに加えた場合には、ほかのどの発電方法よりも高くつくはずです。原発推進派のほうは、そういう計算はまだしていないですね。原発が高度成長を支えてきたところはたしかにありますが、今後は同じような経済成長発展モデルは適用できないし、その必要もないと思います。

これが、やや長期的に日本の未来を見据えるということなんです。しかし、いま原発を推進している産業界の責任ある立場の人たちって、平均余命がせいぜい二十年から三十年でしょう。ということは、放射能の影響で死ぬにしても、自然死とそう変わらないから、どうでもいいと思っているのかもしれない。

関野 彼らに従っている若い人たちも、追随せざる得ないわけですよね。ただでさえ就職が困難な時代になっていて、日本のお家芸だった終身雇用、年功序列もなくなり、就職してもいつクビになるかわからないですしね。

島田 これからの生きていく時間が長い人たちには、まったく理不尽な状況ですね。だから、政治的にはおとなしい日本でも、反原発のデモは盛り上がっていたんじゃないかと思います。それこそ、関野さんの学生時代のころ以来のことですよね。

関野　でも、いまのデモは規模は小さいですよね。整然としていてお行儀がいい。

島田　もうひとつ残念なことは、最近都心には石が落ちていない（笑）。ドイツは一九八〇年代から環境政党も立ち上がったし、彼らが反核といったときには核兵器だけじゃなくて原発も含まれていましたからね。だからドイツ政府はすべての原子炉を廃炉にする脱原発をいち早く決めましたけど、そこまでやはり三十年かかりました。日本にも反核運動はあったけれど、対象は核兵器だけで、核の平和利用ということで原発は容認していました。反原発となったのは最近のことで、これからもう三十年かかるわけでしょう。

関野　でも今回の総選挙（二〇一二年十二月の衆議院議員選挙）の結果を見たら、三十年かかってもドイツのようになるかはわからないですよね。大勝した自民党だけでなく、多くの政党が原発容認に傾く形で選挙を戦った。

島田　実際、ネットなどで世論を見ている限りでは、自民党が政権を取るわけないと思えるんですが……。これまでは選挙権があるから律儀に投票に行っていますけれど、僕は自分の票が死票じゃなかったことは一度もないですね（笑）。

関野　僕も総選挙で死票じゃないってことはほとんどない（笑）。

島田　つまり、自分の投票行動が実際の政治にはこれっぽっちも反映されていないという現状がありますよね。そうすると、税金も払って選挙権も持っているけど、はたしてそんな自分は国民や市民といえるのかと思うことがあります。これが古代ギリシャだったら、自分の主張や要求が政治的に反映されないような人たちのことを、市民とは呼ばすに、奴隷とか外国人と呼ぶはずなんです。

誤解を招きそうだけど、いまの日本では奴隷と呼んだほうがいいような人たちが多くいるような気がします。実質的に社会において奴隷状態に置かれている人が多いと思うんです。とくに若い人たちに多くて、フリーターとかいわれている人たちはそうだと思いますね。それから、反原発をやっているような人たちとか、そうした論陣を張っているインテリとかは、ほぼ外国人的な状況に置かれていることは間違いないです。

関野　死票になっても島田さんが選挙に行くのはどうしてですか。当選する人は、島田さんの一票があってもなくても当選するとわかっているわけですよね。それでもあえて時間をかけて投票に行くのはなぜですか。

島田　理由はないです。ただ、ある種の諦めとともに、つまらない計算もありましてね。どういう計算かというと、投票しなければおのずと組織票で当選する人に有利になるわけで、たとえば、自民党に一票入れた場合、その一票が自民党にとって一万円の価値があるとする。すると投票に行かないで、自民党にも入れないしほかの党にも入れないニュートラルな票は、結果的に組織票が自民党にとって有利になるという理由で五千円の価値がある。でも実際に行って反対票を入れれば、自民党には一銭の得にもならない。だから投票に行くというわけです。

関野　学生に「選挙に行くんですか？」って聞かれて、選挙には行ったほうがいいと答えるときに、自分が行ってないと説得力ないですよね。いま、自分にしかできないことをやるということが大切だと思うんです。

エクアドルに「ハチドリの一滴《ひとしずく》」という民話があります。山火事になってほかの動物が逃げても、ハチドリはくちばしを使って水を運んでは落とす。その行為で火が消えることはないかもしれないけれど、ハチドリを見たほかの動物たちも森に戻ってくるんです。意味がないかもしれないけれども、その行為がほかの人にも影響を与える可能性があるんですよね。だから僕の一票が周りの学生たちに、やっぱり行ったほうがいいと思ってもらえれば、十票になったりして、自分の一票はただの一票じゃないと思って行くことにしているんです。

島田　すごく説得力があると思います。たとえば、スタジアムでサッカーの日本代表を応援しているとする。でも試合をしているのは選手たちで、声援なんて関係ないといえばそれまでですよね。でも選手からすれば、あの一声で後押しになるという。だからサポーターも参加している気分になるわけです。選挙は、もうちょっと参加している気分になります。

ちょっと余談ですけれども、「ハチドリの一滴」の話、私も知っていますが、福島の第一原発で冷却水を注水するためにヘリコプターを飛ばしたり、消防車で放水したりしましたよね。あのときまさに「ハチドリの一滴」みたいだなと思いました。

関野　しかし、あのときは消火にあたっている人たちは、そこで生まれて育ち、これからも骨を埋める人たちではない。そこの住民は避難せざるを得なかった。それも情報伝達の悪さで遅れてね。そこで生をまっとうしようとしていたハチドリたちとは少し事情が違いますね。

日本人にはナチュラル志向が本能的に備わっている

関野　人類が持続的に生き残っていくために、資本の論理を崩すということはできるのかどうか、そのあたりをもう少し考えてみたいと思いますが。

島田　資本主義にべったりの人は、このまま突っ走るしかないと思っているでしょうね。

関野　それは、自分たちだけよければいいという発想なのでしょうか。経済成長を資源がなくなるまで続けていくのでしょうかね。近々石油や天然ガスは生産もピークを迎えます。それからは減るばかりですね。シェールガスが話題になっていますが、それもウランも無尽蔵ではありません。すでに経済的な争奪戦は始まっています。すべてなくなったらではなく八割になったら、武器を使った戦争になるでしょう。

消費が増えたからといって決してわれわれが幸福になるわけではないことはわかっています。百五十年前と比べて世界の消費は二十六倍増えているそうです。人口も五倍に増えています。ですから実質はひとりあたり五倍近く消費が増えたことになるわけですね。だからといって、その五倍分だけ私たちがハッピーになっているわけではない。

資本の論理によって、消費を煽る人たちによって、私たちは大量にモノやサービスを消費させられてきたけれど、忙しくなるばかりで、ちっとも幸せ感が得られない。モノを手に入れて煽られると、もっと欲しいという欲望が増長しますからね。

島田　資本主義の発展段階で、わりと早くに発展した民族は、あこぎな資本主義のなかにも何らかの倫理的なものを持ち出そうとします。倦怠するほどの富を蓄えた人は、生きている間にその富を使いきれないから、再分配するわけです。それは自分の死後への想像力の芽生えです。恩恵に浴した後にやることは、まさに自分の死後もよかれという、一種の祈りに近いような意識から出てくるはずです。そちらのほうで貢献しようと考えると思いますね。それが人にアプリオリに備わっているある種の倫理だと思うんです。人が本能に忠実であれば、その種の倫理を発揮するはずだと思います。

ただ、後から遅れて資本主義的競争に参入した国々は、先進国を見て、お前らだけ繁栄の恩恵に浴して、その後に俺たちの発展を抑制するのは不公平ではないかと言ってくるでしょう。だから遅れて資本主義に参入したロシアとか中国とかは、ある種の自然の搾取や環境破壊が、日本に比べてはるかに進んでいますよね。それでも持続的な発展を考えるなら、この経済発展と引き換えに進めてしまった環境破壊をなんとかしないと、と彼らのなかでも一部は思い始めているはずです。そのときに、環境ビジネスのようなテクノロジーとして売るものが、日本にはあるというのは多少の救いにはなるでしょうね。

日本も公害問題などで、経済成長のただなかにおいては相当自然から搾取して、環境を破壊してきたと思います。ところが日本人の原点には、ナチュラル志向というか、自然を大切にする教えというか、本能的な倫理がまだ宿っていると思うんです。だからこそ、どこかで環境ビジネス的なものへの投資がひそかに進んできたのじゃないでしょうか。個々の企業にしても、大量の産業廃棄物を出すことへの誹《そし》りを免れたいために、処理技術を磨き上げてきたという事情もあるでしょう。そういう意味ではロシアや中国より、日本は一歩先んじているると思いますね。

関野　隅田川でも多摩川でも、僕が子供のころよりはよっぽどきれいになってきましたよね。日本では公害に対する考え方も変わってきたと思うんですけれども、中国もロシアも、これから考えるんでしょうね。
　ただ、それにしても中国はまだ公害垂れ流しの産業が多く、外国にもその害悪を流しています。アムール河をカヤックで下って、先住民と暮らしましたが、河にはサケが夏から秋にかけて遡上してきます。それを捕るのですが、異臭がしてまずいし、売れない。その原因はアムール河の源流の中国領に芳香族系の薬品を使う工場があって、その排水を浄化せずに垂れ流しているからです。日本は国際河川がないからいいけど、国際河川が流れている、とくに下流の国は、自分の国が環境対策を真面目にやっても外国から汚れた水が流れてくる。しかしまあ、河川は世界中つながっているわけではないけど、空と海の場合はつながっていますからね。汚染物質がまき散らかされると、中国からでもどこからでも国境を越えてやってきます。

島田　風は向こうから吹いてくるので、われわれも考えないといけないですね。

関野　そうですね。中国の汚された空気が現実に日本に流れ込んできていますからね。しかし、この発展と環境破壊の問題については、ロシアや中国などの大国のことばかり考えていてもいけないと僕は思っています。いわゆる南北問題とも重なりますが、南の国、つまり開発の遅れた国、貧しい国といわれる国々は、もともと資源が豊富なところです。しかしほとんどが先進国に持っていかれてしまい、人口の少ない先進国で多量のエネルギーが消費されています。そして邪魔な廃棄物ができると、今度はそれをアフリカなど南の国に運んで、もう修繕不能なのに中古品として売ったり、廃棄させたりする。開発途上国は資源を奪われるだけでなく、ゴミの処理場にもなっているのが実情です。そのうち核廃棄物も最貧国に輸出されていくと思います。

資本主義は世界で最も成功した宗教

関野　ところで、経済発展に頼らないで幸福を見つける道を、われわれはひとつの「イデオロギー」として掲げ、それを追求することはできないのでしょうか。要するに、資本の論理は「経済成長しないと幸福になれない」という考え方ですよね。そうではなくて、「経済発展しなくても、もっと大切なことがある」という方向に政治を動かすのだとすれば、その理念はイデオロギーといっていいいんじゃないかと思うんですが。それとも、そういうことはやはり宗教が絡まないと無理なのかな。つまりはモラルの問題なんですかね。

島田　もし、より多くの人々をある目的の方向に向かわせる必要があって、同じ方向に向かうような共通の信仰的なバックボーンがなければ、それはイデオロギーだと思います。

世界宗教となっている、イスラム教にしても、キリスト教にしても、仏教にしても、多くの人を束ねるモラルの原点たり得てます。それで、それぞれの宗教のなかでは、話が通じて共通感覚を持てるという前提が存在します。では、日本の場合どうなのかといえば、仏教といってもチベット人やミャンマー人のものとはだいぶ違いますし、キリスト教は人口の一％にも満たないマイノリティーですし、全然イスラム化もしていませんよね。そうすると何が前提になるのかと考えたときに、かなり素朴な神道というか、明治期の国家神道ではなくて、神社で何か崇高なものに手を合わせるような感覚です。

要するに、組織化はされていないけれども、自然こそが神であるという考え方です。「あとは野となれ山となれ」と言うときも、野や山がないといけない。戦争や飢餓でとても厳しいサバイバル状況であっても、野があり、山があるから、「野となれ山となれ」と言える。「国敗れて山河あり」とも言いますけれどね。

関野　しかしいまは、野と山が崩れても経済発展したほうがいいと思っている人が九割以上いるんじゃないですか。たしかに日本人にはアニミズム的な信仰が根底にあり、日本の仏教にもそれが取り込まれているとは思いますけどね。

島田　資本主義というのは、キリスト教やイスラム教よりも、より世界に浸透している「宗教」ですからね。資本主義は世界で最も成功した宗教だという見方も、たしかにあるかなと思いますよ。「拝金教」と呼んでもいいし、中国でも信者がけっこう多くなっている。

関野　中国にも拝金教信者は多いけれど、日本にも多いですよ。ただ「宗教」といった場合には、やはり敬虔な信者というのは来世を信じていますよね。現世はたかだか八十年、来世は永遠に続きます。だから現世の欲よりも来世の幸せを重視する。では、そのよりよき来世に行くためにはどうしたらいいか。一神教でも仏教、ヒンズー教でも善い行いをすることがよりよき来世への道に通じています。いい来世に行くためには功徳を積まなければなりません。いいことをするとそれだけいい来世に近づくことになるわけで、結局、信者たちは自分の来世のために善行を積み重ねているんですね。

それが中国や日本、欧米になると来世など信じている人はいません。現世だけが人生です。現世で忙しく、人を押しのけてでも現世でいい暮らしをしようとします。そこでは金やモノが神様になります。拝金教ですね。宗教が禁じられてきた中国はその意味でも新しく拝金教の本場になり得るかもしれない。日本も大して変わらないですけどね。

島田　日本と中国とどっちが資本主義により適した国柄かといえば、中国だと思いますね。日本は、どこかで再分配の原則も徹底しているし、貧富の差も中国と比べれば小さい。けっこう共同社会で、社会主義が根づきやすいのかもしれません。

関野　一時、日本は社会主義が一番成功した例っていわれましたよね。その理由は、貧富の差がアメリカや中国と比べると小さかったから。私が外科医として病院に勤めているとき、若い医者の収入が院長とあまり変わりませんでした。院長は当直や残業、アルバイトをしないけれど、若い医者はバリバリやるからです。普通の会社でも役員と平社員の差がアメリカほど開いていないで、国民の八割が中流意識を持っていましたね。再分配の原則も徹底していました。

でも、それも昔の話です。小泉政権の出現からガラッと変わってしまいました。自助努力とか、能力あるものは能力に応じた収入を、と唱えた政治で格差が広がってきた。生まれによってスタートラインが違うのだから、下駄を履かされた者とハンディを負った者の差がどんどん広がるのは明らかなことですよね。日本の国会議員には、二世、三世の議員がやたら多くなったという異常な事態も、いわば当然の結果ですね。

島田　日本は高度成長期にも、少し社会民主主義っぽい政策をずっと通してきたわけですからね。それが全部壊れてしまったのは、例のネオリベラリズム、新自由主義の登場からです。そこから格差の社会になってきた。いまは経済発展が頭打ちになった後に、もう一度キャピタリズムに額《ぬか》ずく本末転倒をやっているともいえますね。

ジブリのアニメがナチュラル志向を束ねる?

関野　じつは一般にはあまり知られていないけど、経済成長しなくても幸福になる世界を目指そうというイデオロギーの政党が、昨年（二〇一二年）できたんですよね。「エコロジカルな知恵、社会正義、参加民主主義、非暴力、持続可能性、多様性の尊重」を掲げた「緑の党」です。この政党は基本政策として、「脱原発」とともに「経済成長神話から卒業し、新たな仕事とスローライフを実現する二十一世紀型の循環型経済に向かう」と言っていましたが、前回の総選挙では候補者も出せなかった。実際にはまだ力のない政党です。本当は、こういう政党が力をつけていけばいいのですけどね。

島田　いま、そういう意識だけは多くの人が共有していると思うんですけれども、旗印として使えるものがあんまりない。政党となると、まだ少し違和感がありますよね。宗教ではないですけれど、いまは何か、ジブリがそういう意識を緩やかに束ねているような気がします。

関野　ジブリのアニメが子供からお年寄りまで捉えている？

島田　ああいうアニメを通じて意識の共有は自然に図られているんじゃないかと思いますね。ただ政治的主題たり得ないというだけで。

関野　たしかに、ものすごい数を動員していますから、意識として共有されているんですね。

島田　そうですね。日本にもともとあるアニミズム、ナチュラル志向、これらはみな無意識の領域の話です。

関野　ただ難しいのは、意識はあっても、現実の生活として欲望が抑えられない。

島田　広告とかの刺激を受けて、煽られて、たしかに物欲はあるけれど、また逆にそれを恥じる思いとを行き来しているのかな。

関野　バーゲン売り場のおばさんたち見てると、それは感じないですけどね（笑）。あれはもう恥なき物欲の塊です。以前は悪いことをしたり、ものを持ちすぎたりすると、「罰《バチ》が当たる」といって自分から抑制する気持ちも働きましたが。

島田　そのあたりの物欲と祈りの両方が共存している様子が神社では見られますよ。一月に飯田橋にある縁結びで有名な東京大神宮に行ったら、すごく混んでいました。最近、熱心に神社にお参りするモテない女が増えています（笑）。

関野　神社には僕もたまに行くけど、何も祈らないで手を合わせるだけです。基本的に何も祈らないんです。娘はあれも頼んだこれも頼んだって言っていますけど（笑）。ただ、人から頼まれて祈ることはありますね。

島田　伊勢参りも代理参りってありますよね。

関野　祈ったって別に叶うわけじゃないだろって思うんだけどね。お守りにしても、それを持っているからといって安全に旅ができるとは思わないけれど、お守りをくれて自分の安全を真剣に祈ってくれている人がいるんだということだけで嬉しいんです、私の場合は。

農業やエネルギーは地域ごとでいい

関野　農業についてですが、キューバの実例で面白い話があります。冷戦時代、キューバはアメリカと同じように農薬や化学肥料を使った大規模農業をやっていました。それがソ連崩壊後、農薬や化学肥料が来なくなって、必要な食料は半分しか集まらなくなった。もともと食料自給率は日本と同程度の四二パーセントしかなかったんです。それで市民が中心になって、空地や建物の屋上など、使える場所はすべて畑にして食料生産を始めたんですが、そこで行われたのが有機農法だった。農薬も化学肥料もないからそうするしかなかったわけですが、それで食料不足と環境悪化の阻止が図られる結果となった。

考えてみれば化学肥料も農薬も、その生産には莫大なエネルギーを必要とするので、いずれ不足するときが来るはずですよね。となると、どこでもいままでの大規模農業は続かなくなるはずです。そんなとき、このキューバの例はひとつの見本になる可能性がありますね。

もちろん、このキューバにしても、それで一〇〇パーセント自給できたわけではなく、いまだに外国からの輸入には頼っています。有機農業といっても日本でいう減農薬、減化学肥料農業のようです。皮肉にも経済制裁を受けているアメリカからの輸入が一番多いんですが、そうではあっても、こうしたキューバ市民の取り組みが、これからの農業を考えるうえでの貴重な参考例になることは変わらないと思います。

島田　たしかに、大規模農業じゃないけど、エネルギー生産にしても日本はいくつかの電力会社の寡占状態で、全部一括管理です。もっとコミュニティーごとの小さな発電プラントみたいなのが稼働すれば、安定的な電力供給にもなるはずなんですよね。

農業についていうと、私は庭でプチトマトとゴーヤくらいしか作っていませんが、六畳くらいの耕す場所があれば、夏の間はけっこうできるので、ほとんど買わなくてすみます。園芸作物は生産性が高いので、食料自給率を高めるには、組織的な農業を充実させるより、小作人が増えるといいわけですね。都心のオフィスに勤めていても週末はできるわけだから、小規模農業がニッチ（隙間）を埋めると、自給率は高まると思います。

関野　僕もそう思うんです。グローバリゼーションで世界がひとつになって、みんなが同じようなところへ向かっているんだけれど、むしろローカリゼーション、地域ごとでやっていったらいいと思うんです。食料もエネルギーもその場所でつくる。その方向に科学や技術を使っていくといいですよね。

ラオスに行ったとき、メコンの支流で川幅三十メートルくらいのところで、船の船外機のモーターを逆に利用して発電しているのに出会ってびっくりしました。それは、川の流れによってスクリューが回って、磁石の中で回転することで電気が起きるのを利用したものです。これで一軒の家の電気をまかなっているんです。風力発電なども、地域でやっていけばいいんじゃないかな。僕らが向かうのは、グローバリゼーションではなくてローカリゼーションがいいと思います。国は軍事と外交だけを国民の監視のもとでやればいい。

島田 田舎に行くと、近いところに農家や漁師がいるから、野菜とか魚とかけっこうもらえるじゃないですか。それは店で買ってないからGDPの数字には上ってこないでしょ。だから田舎の人は、たとえ年収が低くても、思いのほかいいものを食っている（笑）。

都市では徹底した分業が進んでいるわけで、私の場合、実際には大学で教えてもいるけれど、まあ小説だけ書いていてもいい立場です。ところが、仮に小さいコミュニティーの中で、金銭の授受なしで自分が提供できるサービスを物々交換するという社会のしくみを考えた場合、小説書けますといったって、そこではしようがない。そのとき必要なのは、やっぱり料理がうまいとか、誰もが喜ぶ技術ですかね（笑）。

関野 でも優れた小説なら、どこで書いたって世界で読まれ、そして売れるわけですよね。それでいいじゃないですか（笑）。

島田 まあ、文化に関しては、もう少し通用する範囲を広げて考えてもいいでしょうけれどね。小さいコミュニティーの中でそれぞれの特技に応じた労働の物々交換をしている限り、お金がなくてもある程度までの生活は成り立つということです。

「生きがい」は本当に必要なのか

島田　ところで、お金のない生活といえば、ホームレスの暮らしがありますよね。僕はホームレスはまだやったことがないんですけれど、じつはいま、ホームレス的な行動を緻密に書いていて、実際にお金を使わないで東京で生活していくためにはどのような方法があるかということを研究している最中なんです。

関野　ホームレスといえば、以前、調布に住んでいたころ、よく目にしたんですが、多摩川の河原にはホームレスの人たちがじつに堂々と住んでいましたよ。家を建てるだけじゃなくて、畑も持っている。役所や警察は何かいってたのかもしれないけれど、退《の》かないしね。この人たちすごいなと思いました。

島田　あれはね、最初のうちはけっこう嫌がらせされるんだけれど、何ヵ月か住むと既得権益が生まれるようなので、それまでの辛抱らしいんです（笑）。

関野　荒川でもそうですね。

島田　隅田川もね。一級河川は国土交通省が管理していて、立て看板があるところもあって、そこに「農耕作禁止」って書いてあって笑えます。多摩川のエリアを歩いていると、ほのかにニラの匂いがすると思って足元を見ると、ノビルとか生えてますよね。そういう野草もあるし。

ホームレスの人たちに対しては、上野公園とか隅田川流域などの都心部では、ほぼ毎日炊き出しをやっています。炊き出しのスケジュールがネットにも上がって、土日になると複数個所でやっています。だから炊き出しだけで一週間飢えずに暮らせて、しかも太れて、ホームレスのなかには「下流太り」の人もいますよね。

関野　でも、彼らはそれが本意じゃないんでしょう。僕は、人というのは自分が必要とされることが大切だと思っているんですね。世の中の人全員から「お前なんかいなくてもいい」って言われたら、生きた心地がしないです。

よくある話ですが、南の島にあるような、リタイアした人が入る高級施設は、食事も娯楽も医者も完備していて、遊んでいればいいだけなのに、入所してしばらくすると、また仕事がしたいといって出て行ってしまう人が多いそうです。僕は下町で生まれて、周りは零細企業ばかりで、みんな遅くまで働いていました。それでも生き生きとしていましたからね。働いて、子供が成長していくのを楽しみにして、自分のつくったものが世に出て喜ばれることがすごく嬉しい。きっとそういうものなんですよね。「ホームレスが遊んでいて暮らせるようになるのが戦後の日本人の理想だ」と言う人もいるけど、僕はそうではないと思う。だから、炊き出しに行って食べ物をもらっている人たちは、自分は最高だなとは思っていないと思うんです。だか

島田　思っていないでしょうね。働きながら暮らすほうが、じつは楽なんです。そして、働かずに暮らすほどキツいことはない。ゼロ円じゃ食っていけないし、生きがいがないと食っていけない。

この格差社会のなかで、下流同士の差別みたいなのがありますよね。最低賃金で働いているフリーターは、生活保護をもらってパチンコに行っているやつが憎くてしようがない。しかし、生活保護をもらって楽して暮らすんだという人は、じつは少ない。実際に日雇いで暮らしていたけれど病気になったから仕方なくとか、審査も厳しいし、役所で非常に不愉快な思いをしなくちゃいけないんだから、それなら働いてやっていきたいという人が圧倒的に多いでしょうね。

関野　僕もそうで、生きがいがないと生きていけない。でも、世界には生きがいがなくても生きている人たちがいて、そんな人たちをいっぱい見てきました。たとえばアマゾンの先住民の人たちがそうなんです。彼らは将来を考えることがなく、われわれの見方では生きがいという観念なんか持たないように見える。彼らは今日獲物が獲れるかどうかにすべてをかけ

ていて、とにかくいまを楽しんで生きているんです。日々の狩りが面白いんですね。その知識は動物行動学者をはるかに超えています。どこにどういう動物がいて、どういう動きをするか、観察力がすごい。さらに想像力も働かせ、自分の持っている全能力を駆使して狩りをする。

島田　あらゆる職業というか、生き方のなかで、狩人ほどその人間の能力が求められるジャンルはないでしょう。

関野　危険もあるけれど、危険を冒してでもやりたい。ところが、政府から家をあげるから移動して暮らすのをやめろといわれて、だんだんそうした人の数は減っていく。アフリカでは狩人としてのブッシュマンはいなくなってしまいました。

島田　しかし、ビジネスマンをやっていた人が引退後に耕作放棄地を借りて帰農するということもあるから、狩人はやめたけれども、あの賭博的感覚がやめれないとかいって、もう一回リハビリやって狩人復帰する人たちも出てくるかもしれませんよ。「あの森にいたころの面白さが忘れられなくてね」って。

関野　それは、海に住んでいる漂海民がそうですね。インドネシア政府が海に家船を浮かべて生活している人たちを、陸地にきれいな住宅を造って移らせたのですが、「俺たちは海がないと生きていけない」といって海に戻ってしまった。海にいれば、そこは獲物のエサ場で漁には困らないし、彼らにとっては竜宮城ですよ。陸では暮らしたことがないから生きていけないんです。それぞれに適したところに住んでいればいいのに、国家が出てくるとどうしても「経済成長しなくちゃいけない」とかいう方向に、暮らしもねじ曲げられていくんですね。

発展から一歩退いた「おじいちゃんの哲学」を

関野　それで、そろそろこうした世の中に対する島田さんの「処方箋」をお願いしたいと思うんですが（笑）。この社会のよりよい未来のためには、どんな方策や人間の生き方が考えられるんでしょうか。

島田　困りましたね（笑）。未来ということでいえば、僕は、自分の孫が大人になるころぐらいまでが、祈りというべき感情を持てる期間だと思うんですよ。そういうところに素朴な宗教的感情って芽生えると思うし、それは誰でも持っていると思います。

処方箋ということではないんですが、たとえばイギリス人の場合など、ある程度ビジネスで成功した人は、いつまでも都会暮らしをしていないで、田舎に引っ込んでジェントルマンをするというのが理想だといいますよね。べつに産業革命発祥の地の民族を尊敬するつもりはまったくありませんけれど、ある程度発展の恩恵に浴した者は、そのまま発展し続けてもろくなことはないとも悟るので、あこぎなことやってきたなという反省も抱くはずです。この先は滅びない程度に力を抜こうとする。そこは参考になると思っています。

要するに、完璧に破滅しないために没落しようかなみたいな、没落に前向きな姿勢が、これからはいいんじゃないでしょうか。発展から一歩後退と見られようが、それは「創造的な没落」なのだと捉え直してその道を歩む。そういうことはできるんじゃないかと思います。

人は、ある程度大人になって悟ってきたころに、みんな優しくなったりしますよね。この「優しいおじいちゃん」になる感覚は、誰もがたどり着く先だと思うんです。その「おじいちゃんの哲学」というものは、民族レベルでも成熟度とともに発揮されてくると思うんです。逆にいえば、ある程度成熟した民族でなければ、よき「おじいちゃんの哲学」にたどり着けないのかなとも思います。日本にはようやくそれが出てきたかなと……。

関野　島田さんはあと三十年くらい生きられると思うんです。それで、人類がその先も持続できるように、なんとかしたいと思って生きていくのか、このままでいいんじゃないかと思うのか。それを踏まえてどう生きていけばいいのかもお聞きしたいですね。

島田　まあ最初の発言に戻りますけれど、私ごときがいまのままでは危ないとか、発展はもう少し緩やかにとか言っても、誰も聞かないけれど、いずれ自然にそうなるでしょう。優秀なやつが突っ走ろうとしても寿命は短いし、凡庸な二世三世がリーダーになってしまうわけで、うまくできているんだなあと思います。ある民族や国家が突出していくこともない。たとえば、アメリカはあらゆる知や富を集めているけれど、どの国も追いつけないように突っ走っていったかといえばそうでもない。

僕は冷戦時代の子供だから、ソ連とアメリカの二つの巨大な国が拮抗している時代の世界観のなかで育ちました。この二つの国はどちらかが一方的に勝つこともなく、お互いつぶし合ったりしていて、いい按配だった。第二次世界大戦に負けたドイツと日本が発展したり、中国が台頭してきたり、世界史の推移を見る限り、神は意外と平等かなと思います。

関野　大国を比較して見れば平等かもしれないけれど、世界全体を見れば、決して平等ではないと思えますね。アフリカなどは、イギリスやフランスなどの宗主国が自分たちに頼らなければ成り立たないような形で独立させました。政治的な独立はなんとかできたけれども、経済的には徹底的に搾取されています。それに逆らった連中は今回のマリの反政府派に対するフランスのように、空爆してまでつぶそうとする。

ウガンダはお茶の産地として有名です。なだらかな丘陵地帯に広がる整備されたお茶畑は美しい田園風景です。これは融資したＩＭＦや世界銀行が換金作物を栽培してそれで借金を返せと指導しているわけですね。それでお茶畑を作り、お茶を輸出して外貨を稼いでいる。

しかし、その稼ぎは一般農民には回らないんです。逆に、お茶畑が広がると一般農民が食べるための作物を作る耕地が減ります。そうすると作物の値が高騰し、食えない人間が出てくる。日本でもよく「食えない」というけれど、日本で食えないというのはウガンダ人からすれば「贅沢をできない」に等しい。ウガンダで食えないというのは餓死するということです。実際それで飢饉が起こり、餓死者が出ている。そして餓死者が出ているのと引き替えに商品作物が輸出されている。

また分配の問題もあります。ウガンダにある援助物資を含めた食料を平等に分配すれば、飢餓は起こりません。飢餓は人災なんですね。

私はだから、これから望まれる優秀なリーダーや人間というのは、こうした形の発展を進めるのではなくて、そこそこ食べていければ、発展もそこそこで、文化とか環境とか、発展以外のことを重視して持続可能な社会を目指そうとする、そんなふうになるんじゃないかと思っているんですけどね。

島田　長い目で見ていかないといけないということですね。

関野　まあそうですよね。

島田　たしかに、今後、たとえばアフガニスタンが世界の最先端を突っ走る国にならないという保証はないですからね。

関野　そう。いまは何をしているかわからない中央アジアが、かつては世界の中心だったこともありましたからね。

島田　新たな地下資源ひとつで、世界の勢力分布がころっと変わったりしますから。

関野　で、これから三十年、島田さんは具体的にはどういうふうに生きていかれますか。

島田　のらりくらりすると思いますね。私も馬齢を重ねてきて、ある特殊技術は持っている。わりと考え方がぐれていたりしますので、そのへんをうまいこと使って、中国とかロシアに嫌味を言い続けていたいですね（笑）。

関野　あくまでも、言葉で勝負をする？

島田　そうですね。ただ一方で個人的にはボケたくないものですから、頭を局所的に使わずにバランスよく使っていきたい。文明社会に失わされてしまったとはいえ、先祖は狩りができたわけだから、そうした潜在的に人間だったら持っている能力のリハビリは心がけたい。

サバイバルの必須条件はリハビリですね。要するにナイフを自分で作るとか、クジラを解体するとか、飛んでる鳥を落とすとか。そういう一度失われた能力のリハビリもやりたいと思います。以前にナイフを鋼から作ったときは楽しくてしようがなかったですから。

関野　何でも「全体」が見えるといいですよね。僕は〈海のグレートジャーニー〉では、単に自分の腕力、脚力にこだわるだけでなく、航海するカヌーを作るための道具作りから始めました。九十九里浜で砂鉄を集め、炭を焼き、たたら製鉄をして工具を作り、自然素材だけを用いて世界でひとつしかないカヌーを作りました。根を張ってそびえていた大木がカヌーに姿を変えて完成したとき、言葉で言えない感動を覚えましたね。太古の航海士たちに思いを馳せながら風を受けたとき、誇らしく思うとともに、物語を紡いでいるような気がしました。分業でも自分の全体のなかの役割がわかっている場合はいい。しかし、全体がつかめず、全工程の一部だけを任されると歯車の一部になってしまう。なおかつ、それが別の人に置き換えられてもかまわないとなると、物語は紡ぎにくくなる。みんな一回そういうサバイバルやるといいですよ。料理でもビーフシチューが食べたいなら、牛を育てて、米を育てて、野菜育てて……。

島田　やっぱりビーフやめてチキンにします（笑）。

（構成・吉田　正）

地球の自然を食い荒らす有害獣《にんげん》は駆除しなくていいのか?・

服部文祥

（サバイバル登山家）

はっとり ぶんしょう

一九六九年、神奈川県生まれ。カラコルムのK2登頂をはじめ、冬期の黒部横断から黒部別山や剱岳東面への初登攀など、国内外に複数の登山記録を持つ。九九年から長期山行に装備と食料を極力持ち込まず、食料を現地調達する「サバイバル登山」を始め、二〇〇六年にはそれらの記録と半生をまとめた異色の山岳ノンフィクション『サバイバル登山家』を出版。『狩猟サバイバル』『百年前の山を旅する』『狩猟文学マスターピース』などの著作がある。

サバイバル登山とは

関野　今日は少し難しいトピックを用意しているんですよ。資源を大量に使い、大量生産、大量消費、さらに大量廃棄を続けるいまの社会は、人類が持続的に生きていこうとするなら、危機的な状況だと思います。「私たちがこれから生きていくにはどうしたらいいのか」、そのための「人間と自然との理想的な関係」をどう築けばいいのか、服部さんと語り合いたいと思います。まずは服部さんの簡単な自己紹介をお願いします。

服部　答えが出そうにない難しいお題ですね（笑）。まず自己紹介をしますと……一九六九年に横浜の郊外で生まれ、そこで育ちました。当時は横浜もまだ都会と田舎の中間という感じで、遊びの半分が野球や鬼ごっこ、あとの半分が森や池に行って生き物を捕ることという感じです。大学に入ってから山登りを始めて、のめり込み、海外にも登りに行くという、二十世紀後末にはいくらか残っていた「山バカ」のひとりですね。フリークライミングを始めたのもそのころです。大きな山としては一九九六年にヒマラヤのカラコルム・K2（八六一一メートル）に登頂。酸素ボンベは使用しましたが、けっこうあっさり登れた印象がありますね。ほかにもヨーロッパアルプス、北米、ロシアなどを登ったり、冬の黒部や剱岳もいくつか初登攀《とうはん》をしたりしています。自力で山を登ることにこだわった〝サバイバル登山〟を始めたのは一九九九年の夏からです。

関野　話題になった『サバイバル登山家』(みすず書房)や、『サバイバル！　人はズルなしで生きられるのか』(筑摩書房)などの著書がありますね。そもそもサバイバル登山ってどんな登山なんですか。

服部　簡単にいうと、装備をできるだけ削いで、食料もできるだけ山の中で現地調達しながら行なう長期登山です。山小屋での宿泊はもちろんせず、できるだけ登山道も使わず、渓《たに》を溯行《そこう》したり、ヤブを漕いだりしながら、登山を繰り返し、その間の食料や燃料はできるだけ自給自足します。持っていかないものを挙げるとわかりやすいかもしれません。ヘッドランプやラジオ、時計などの電気製品は一切山に持ち込みません。もちろん携帯電話やGPSもです。テントも持たず、ストーブ(コンロ)も燃料も持たず、食料は米と調味料だけを持っていきます。登山にまつわる食住をできるだけ自力でまかなうことにこだわっているわけです。登山道をたどり、営業小屋に泊まって山に登るより、そもそもあった姿のままの山に入り込み、自分の知恵と技能で食料を調達し、自分で薪《まき》を集めて火を熾《おこ》して調理する。そうやって登ったほうが「この山を登った！」って実感できるのではないかという考え方です。それほどわかりにくいものではないですよね。

そもそもはフリークライミングの思想を日本の山全体に取り入れたいと思ったのが始まりなんです。一昔前に岩登りの世界で、岩にドリルで穴を開け、そこに人工の器具をセットして登る人工登攀が盛んになりました。でも、それは「登攀」じゃなくて「作業」じゃないかと疑問を持った人がいて、その人たちがフリークライミングをつくり出します。岩に穴を開けて器具を入れて登るなら、山の岩壁でもビル壁でも同じように登れます。ルートを読む必要もなくなります。ならば何のために個性のある山に挑むのか？　ある山に登る、ある岩に登るとは、そこにあるものをすべて受け入れることなのではないか。山を自分の都合のいいようにいじくってしまったら、意味がないのではないか？　たとえばですが、富士山と穂高岳にロープウエイを架けてしまったら、ロープウエイに乗って目をつむっていたら、どちらに登ったのかわからないですよね。自分たちの求める「登る」ということは、そういうことではないはずだという考え方です。

逆にあるがままの自然をいじらず、登れないほど難しい部分に行き当たったら、そこを人の都合のいいように工事で変えてしまうのではなく、いったん下って、登れるようになるまで自分を鍛え、また挑戦する。これがフリークライミングの考え方です。自分の肉体や技術を鍛え、自然な岩の形状だけを利用して登ることこそが「登る」ということなのではないかということです。

僕自身、言葉でそう理解したのではなく、フリークライミングのルートを登ることでそういう考え方に触れてきました。不思議なもので名ルートといわれるフリークライミングのルートを登ると実感できるんです。ある岩にハシゴをかけて登るのと、フリークライミングで登るというのは経験として全然違うものだとわかります。自分を鍛え、恐怖を克服し、自分の力だけで高度を上げることこそが、登ることだとわかるわけです。僕がよく口にするフェアという感覚です。

素手のことをフリーハンドといいますが、フリークライミングのフリーも解放や自由というよりは「素」という意味で「素登り」といえます。サバイバル登山も「素登山」といえるかもしれません。徒手空拳で山に登るという感じです。

関野　サバイバル登山の具体的な内容を教えてください。

服部　長期間、人工物のない山の中を歩き回れるように、大きな山塊を対象にすることが多いですね。南、北アルプスや南会津、東北の山々、北海道の日高山脈などです。道を使わないということで、沢を遡り、ヤブを漕ぎ、登頂したらまた沢沿いを下りというのを繰り返しながら、登山を続けます。行動中にイワナを釣り、山菜やキノコを採って、その日のおかずにします。ヘビやカエルなども貴重な食べ物ですね。山菜はウド、ミズ、ウルイあたりが定番。キノコはナラタケ、ヒラタケ、イグチ系が多いですね。日が傾いてきたら、安全で快適な宿泊地を探し、雨よけの天幕を張って、薪を集めて焚き火を熾《おこ》します。持参した米を炊き、その日とったものを調理して食べ、暗くなったら眠る。寝袋は持っています。朝起きたら前の晩の残りを食べて、また先に進みます。近年は冬もチャレンジしていて、冬は狩猟できる鳥獣を食料にして登山を続けますが、山菜やキノコは期待できないので、けっこう厳しいですね。

関野　普通の登山では感じられないことが経験できるんでしょうね。

服部　細かいことは本を読んでもらったほうがいいかな（笑）。まずは、自分の食べるものを自分で捕まえて殺して処理して食べるということ。少し前では当たり前のことでしたが、僕は正直なところサバイバル登山を始めるまではそういうことを自分でちゃんとやったことがなかった。食に関しても命に関してもいろいろ考えるようになりました。また十日以上電気を使わない、お金を使わない、時計もない、野宿を繰り返す、という生活で自分が当たり前だと思ってきたことが、当たり前ではなく、必要だと信じてきたことがそうでもないと感じるようになりました。電気なんかなくてもいいし、食料を買うというのは最近のことで数百年遡れば、みんな自分の食べるものは自分で調達していたのだなあと。ほかにも、自分の感覚や身体をちゃんと使うこと、自分という存在とは何かなどを、以前より考えるようになりました。

関野　ほかにはどんなことを考えるようになりましたか。

服部　そうですね。食べられるものとそうでないものを、もしくは食べたいものを自分の舌で判断する、なんてことはそれまで考えもしなかった。夜の暗さなんて意識しなかった。暗い夜もあれば明るい夜もあるじゃないですか。人間が秀でている能力もあれば、ほかのケモノや生き物のほうが秀でていることもある。そんなこともサバイバル登山で意識するようになりましたね。

あと、長い間、ひとりで誰にも会わないで山奥をうろうろしますので、自由とは何かということも考えます。自分の持つ能力と経験を駆使して、たったひとり、存在しているという自由。自分という存在を感じられる瞬間です。危ない岩壁の中や、天気の悪いときは自分の能力で自分を守り、自分の食べるものを自分でとり……、これが本当の自由なのではないかと。そして、自分で食料を調達するという経験が、狩猟行為へと発展していったのも、僕にとっては重要なことですね。

関野　狩猟の話はちょっと置いておいて、服部さんの著書を読むと「ズルをしない」とか「削ぐ」という表現がよく出てきます。普段の私生活のなかでもなるべく削いで生活をしてるそうですが……。

服部　できるだけ削ごうとはしているんですけれど、自給自足はしていないですよ。細かい努力はしているけれど、食べるものの九割は買ってきたものです。先週末に鹿を撃ってきたので、今週の自給率は三割くらいにあがっているかもしれません（笑）。といっても、鹿は電車で運びますし、自分ではつくり出せない鉄砲で獲ったものですが……。暖房は薪ストーブだけでなんとかやっています。でも、家の裏の山から薪を拾ってこられるのは、近所の家が灯油を使ってくれているからですね。みんなが薪ストーブにしたら、薪があっという間になくなっちゃう（笑）。

「お客さん」にならない生き方とは

関野　サバイバル登山では、山小屋に泊まらないのはどうしてですか。

服部　誰かが造った小屋を利用する〝お客さん〟になりたくないんです。小屋に限らず、人工的な林道も登山道など人の手の入ったところもできるだけ歩かないようにルートを設定します。お金をたくさんかけてポーターつけて食料をヘリで運んで登る山なんて、登山じゃないって思うんですよね。エベレストなんて、金さえあればもう誰でも登れる時代になってます。僕は現代人の多くは〝お客さん〟になって安心しているところがあると思うんですよね。インドに自転車旅行に行ったときに見た貧乏なインドの人々は、明日をも知れない生活のなかでけっこう楽しそうに見えました。ヒマラヤの遠征でわれわれの荷物を運んでくれるポーターは、普段、自給自足で生活をしているんですが、その現地の人の姿が本当に格好よく見えました。というか「日本から高い金払って登りにきている俺より、断然かっこいい」っていうのはショックでしたね（笑）。姿かたちではなく、存在として格好いい。僕より上だなというのをビシビシ感じてしまったんです。

関野　僕が四十年つき合っているアマゾンの先住民マチゲンガも、出会ったころは自給自足で生活していた。日本から高い金を払って飛行機に乗ってきた僕が、「何でもしますから」と言って、一緒にジャングルに入っていったけど、何もできないし、足手まといになるだけ。完全に〝お客さん〟状態でしたね。

服部　そうなんですよ。自給自足の生活をしている人たちの自立的なたたずまいは、実際に目にしないと実感できない気がします。パキスタン北部の人たちの唯一の現金収入は、僕らみたいに夏季に来る登山家の荷物運びだけで、手に入れた金は下山後バザールですべて塩や砂糖など自分でつくり出せない生活必需品に替えてしまう。現金は実生活の役に立たないからです。普段は自家製の小麦粉を練って作ったチャパティや野菜を食べるだけ。野外活動という意味で比べたら、彼らの生活のほうがK２登頂よりもはるかに難しく、深いのではないか。目も生き生きしていて格好いい。用意された娯楽と用意された生活を金で購入して過ごす日本人と比べると、存在への満足感というか、生きる楽しみというのは何なのかと、考えてしまう。

関野　サバイバル登山に対しては、マイナスの評価を受けることもありますか。

服部　けっこうありますよ。自給自足といっても、死なない程度の食料や装備は持っていくわけだし、大したことやってないだろ、っていう指摘は、そのとおりかもしれません。ほかには、源流のイワナをそんなに食っていいのかとか、国立公園内での焚き火とか、特別保護地区の山菜を採るべきではない、登山道を外れるべきじゃないとか。登山という短期間の営みではなく、人生全体で自給自足するほうが本筋なのでは、という意見ももっともだと思います。

関野　実生活についてはどうですか。

服部　山奥でひっそり暮らすのに憧れはありますが、いざやるかというとやらないでしょうね。なぜかという分析も自分では済んでいるつもりです。自己表現欲というのがリミッターになっているのではないかと思うんです。ミケランジェロが僕のスーパーヒーローなんですが、彼が作り出したような作品を自分も作れたらなあ、というのが登山や自給生活以前の夢ですから。だから、文字表現を使って本を出したりできるようになったのに、それを投げ捨てて仙人のような生活をするのは、現実的ではないですね。表面的には昔の生活を求めているように映るかもしれませんが、僕としては昔のスタイルを取り入れて新しいことにチャレンジしている面もありますから。

「人間と自然の関係」を考える

関野　「人間と自然の関係」の現状の話をすると、たとえば近年、熊が出没するようになったのは、山が開発された結果、里山に下りてくるからだという意見があります。でも、マタギをやっている知人は、山村のマンパワーが弱くなったからだというんですね。山村や麓の村には必ずいた鉄砲撃ちも、人口そのものも少なくなり、熊を獲ったり、奥山に追い返すことが少なくなった。数少ない猟友会の会員も高齢化していますしね。

服部　僕も同じ意見ですね。そもそも熊が山里に出て何が悪いの、ということから検証されていない。「自然を守る」という言葉も、人間の都合のいい部分だけの話ですよね。本当に自然を守りたいと思うなら、林道や登山道を全部なくせばいいんですよ。そして人間を減らす。そうすれば、ありのままの自然に戻っていきますから。熊の話は、人間が減って人とケモノの境界線が人里のほうに下がっている、当たり前の現象でしょう。自然を守れというスローガンはみんな好きですが、そのわりには一人ひとりが自然のために自分の生活まで変えようとは思っていない。

関野　アマゾンの先住民の人たちは、自分たちが必要なぶんだけ動物を狩ります。特別に自然を守ろうという考えは持っていないけれど、おのずと自然は守られていたんですよね。ところが、スペイン人が入ってきて、経済活動という考え方を持ち込んで変わってしまった。売るために動物を獲りすぎたり、牛の放牧やプランテーションのために森林を切り開いたり、最近ではバイオエネルギーの材料を得るために森林伐採が激しくなって、自然のバランスが大きく崩れてしまいました。

服部　クジラの数も古式捕鯨が商業捕鯨に代わって激減したという統計がありますね。そもそも人類は文明を築いてからものすごい力を持つようになっている。それこそ地球環境を変える力はあるし、医療や公衆衛生の発達・普及が人の平均寿命を倍以上にも延ばしてしまったので、死生観や人生観まで変わってしまった。しかし、持っている力に見合うような思想はまったく持ち合わせていませんよね。人間にはそれだけすごい力があるのに、自然環境に甘えても大丈夫という考え方で、いまだに地球を消費しまくっている。力を得るということは、自分たちで自分たちの欲を律しなくてはならないことなのに、甘えの構造は大昔から何も変わっていない。というか、そもそも人間も自然環境の産物ならば、自然環境に甘えることを変えられるわけがない。

水の中の魚が、外側から水というものを捉えられないように、自然の産物であるわれわれは自然環境を客観的に捉える視点というものがうまくイメージできないんじゃないですかね。結局、人類も含めて生物の欲を抑えてきたのは、自然環境というプレッシャーだと僕は思っていますが、これをいわゆる「理性」などというもので代行するのは難しい、というか、そんな能力はそもそも人間には備わっていないんじゃないですかね。

関野 ただ、人類はほかの動物とは違って、唯一現状を理解して未来を想像する脳を持っています。だから、考えて行動を起こせる人間が、これから減速経済にするとか、自分たちをコントロールしていくことは可能だろうし、それしか人類がこの地球上で生き延びていく道はないんじゃないかと思うんです。もちろんこのまま行き着くところまで行って、いったん崩壊して、一からやり直すという考えもありますけどね。

服部 僕は諦観派ですね。人間はどうやらあんまり賢くないし、我慢強くもないようだというのが現在の結論です。そもそも「経済の成長」ということが社会や世界を維持する大前提になっているじゃないですか。その前に「富」とはいったい何なのか、みんなが一回考えたほうがいいんじゃないかな。世界中の富をアメリカ、ヨーロッパ、東アジアに集めて、グローバリズムの先頭集団を走る人たちだけが快適に長生きして……という構造を当たり前としてしまうのか。原発事故後の日本を見ても、僕には諦めのようなものしか出てこないです。

関野　福島であんな大きな原発事故を起こしても、相変わらず原発推進して経済成長だって言い続けていますからね。原発事故からわずか一年九カ月後の昨年末（二〇一二年十二月）の衆議院議員選挙の結果を見ても、原発で甘い汁を吸ってきた人たちだけではなく、多くの国民が原発推進の政党に投票している。投票率が低かったことや、原発が争点にならなかった面もありますけどね。そもそも、こんな大きな問題が争点にならないのも驚くべきことです。

服部　原発にせよ火力にせよ、電気というものを絶対善のように考えるところから検証しないとダメなんじゃないかなあ。いまという時代は、個人にとっての善悪と、全体にとっての善悪がめちゃくちゃになっちゃっている。暴論を言わせてもらうと、個人にとって長寿は善でしょうが、人類全体にとって長生きは悪ですよね。百人が百歳まで生きるのと、二百人が五十歳まで生きるのと、掛け算すれば同じ一万「人年」ですが、どっちが幸せの総量は多いんですかね。どっちが永続的なんでしょうか。どっちが種としての幅があり、どっちが健康的なのか。電気をつけて効率よく働いて、その結果、人類の滅亡が早くなったとしたら、電気はいいものだったのか。朝昼晩とうまいもの食ってお風呂入って暖かい布団で寝ますって生活に疑問は持たず、ときどきアフリカの貧困や飢餓にあえぐ人たちにちょっと募金していいことした気になっている。

貧困や飢餓、世界の不平等をなくしたいなら、自分が持っている「富」のごく一部を分け与えてごまかすのではなく、自分の世界観を変えて、それを生活に反映しなくちゃダメでしょう。地球にとってよいことを本当にしたいと思っているなら、質素な生活をして細々と楽しく生きていこうってなるのが正しい道なのに、贅沢三昧な生活は変えずに、表面だけでごまかしている。それは根本的な解決になっていないどころか、事態を悪くしているだけですよ。金儲けも悪くはないですが、金儲けが善という共通認識を押しつけるのも、右へならえで信じてしまうのもいただけない。これが人間なのかなって悲しくなることがある。

関野 自由主義経済のように、市場原理に任せて経済活動をすると、スタートがいい人間が有利になる。自由にさせておくと富がある者がどんどん豊かになって、貧しい者はどんどん貧しくなる。それでいいのかって疑問ですよね。僕はこの病理の病原菌は、肥大化した「人の欲望」だと思うんです。

服部 その欲望を我慢しようなんて考える人は、ほとんどいないですからね。そもそもそれが「欲」なんだという発想すらほとんどない。悲しいけれど、このまま行くところまで行ってから、気がつくんじゃないですか。そのときはもう遅いと思いますけど。

関野 でも、煽られて消費をしている面もあるし、欲望の質は変えられると僕は思う。いま、多くの人にとっての欲望の対象は「物」であって、「物欲」に偏っているけれど、創造的なアートとかスポーツとか、人と人との結びつきなどに欲望の対象や喜びを見出すことはできますからね。

服部　たしかに、それはそうですね。押しつけられた幸福感ではなく、自分の存在に満足できるかどうかに、今後のカギがある気がしますね。

関野　日本人の多くは、すべてをお金で解決しようとするけれど、そうじゃなくて日常生活のなかで、自分でやれることを見つけてやってみると面白いですよね。

服部　それは大切なことだと思います。行動すると必ず何かしらリスクが出てくるわけで、そこに生命の秘密があるというのが、僕が登山から得た教訓です。僕の親は、僕が屋根に上がって自分でペンキを塗ると「落ちてケガしたら馬鹿らしいから業者に任せろ」って言うんです。でも、自分の住処《すみか》を自分でメンテナンスできなくて何が生活なのかなって僕は思っています。

生きることには必ずリスクが伴う。たとえばリスクを避けて、いろいろなことを他人任せにしていると、最終的には自分でやることが何もなくなってしまう。生きている必要がなくなってしまうんです。しかも、できることはリスクを背負ってでも自分でやったほうが楽しい。リスクって避けるものではなくて、負うものだと思うんです。それが生きることだと思うんです。山に行っていても同じですよ。遭難の可能性がない山なんて山じゃない。山に行くなら遭難するリスクは避けられない。遭難するリスクがあるとわかっていても、そのリスクを背負って登りたい山がある、やりたい登山があるってことでしょう。

狩猟の面白さについて

関野　服部さんは狩猟もされていますよね。

服部　僕に狙われるケモノを見ていても、リスクということは考えますね。鹿やイノシシが撃たれたくないと思っているのは間違いないです。でも、すべての危険に過剰反応していたら、彼らの生活は成り立ちません。狩られるリスクを受け入れて、許容できるバランスで生活しているように見える。もちろん仕方なくでしょうけど。それが生きるということなのかと思うんですね。

関野　狩猟はいろいろな意味で、面白いですよね。

服部　息子とも鹿撃ちに行ったりするんですよ。一日中森の中を歩いて一頭も獲れない日もあるんですけれど「また行きたい！」って言ってくれるから嬉しいですね。

関野　極北やアマゾンの先住民は、狩りは動物との知恵比べだといいます。彼らは動物のことを知り尽くしていますから、少ない装備で狩りを成功させることができる。イノシシや鹿を見つけると「おいしそうだな」って嬉しそうなんですよ（笑）。知識や想像力をフルに活用しながら獲物を追う姿は、めちゃくちゃ「いま」を楽しむ行為ですよね。

服部　僕も若い鹿を見つけると「うまそう」って思います（笑）。複数見つけたら、やっぱりメスか子供を狙って撃つんです。肉がうまいから。

関野　メスは子を産むので残し、オスを狙うのかと思っていました。

服部　昔はそうでした。いま、日本の鹿は増えすぎているからオス・メスの規制はないですし、個体数を維持するという考えは凍結状態ですね。オスの肉は臭いし固い。生まれたばかりの子鹿は柔らかくてクセがないけど味気ない。一歳半の子鹿が一番おいしいですね。それも犬をかけて走らせたり、罠にかかって暴れると味が落ちるので、自然にしている鹿を仕留めるのが一番うまいです。

関野　鹿の場合は、狩る側がやられるリスクはほとんどないですよね。たとえば極北だと、セイウチやクジラを狩る人たちは、体当たりされて命を落とす危険性がある。とくにエスキモーは泳げないから、海の上ではみんな必死です。だけど、彼らはセイウチのコロニーでは絶対に銃もエンジンボートも使わないんです。一度銃声を放つと、二度と同じ場所に現れなくなるから。だから銃の代わりに三千年前から使っている回転銛《もり》を使って狩りをしているんですよ。

服部　フェアですね。いいなあ。僕も鉄砲はずるいなってずっと思っているんですよ。でも、同時に魅力的な道具でもある。素手で狩れるほど僕の身体能力は高くないですしね。狩猟のワクワク感や興奮はすごく魅力的で、鉄砲がずるいからって狩猟をやめたり、方法を変えたりという気はないですね。いまは妥協して使わせてもらうという感じかな。

関野　狩猟の面白さは、成果がすぐ出るところですよね。アラスカのベーリング海峡近くにあるセントローレンス島でクジラ漁を見たことがありますが、獲ったクジラが浜に上がると、たくさんの人が集まってくるんです。このときばかりはいつも顔を合わせたことがない人たちが集まってきて、村にはこんなにたくさんの人がいたんだと思ったほどです。老人たちも孫に連れられて出てくるし、障害者も車椅子に乗ってやってきます。みんな嬉しそうな顔をして、子供たちもクジラの周りではしゃぎ回っていました。

エスキモーたちは、ほかの先住民と同じようにさまざまな問題を抱えています。高い失業率やアルコール中毒、アイデンティティの喪失といった問題です。しかし、クジラ漁を見ていると、みんなが快活で生き生きとしている。「自分が自分であることを確認し、誇りを持てること」をアイデンティティと言うならば、ここのエスキモーにとってはクジラ漁こそそれにあたります。

狩猟採集の生活を見ていると、工業化社会、情報化社会といわれる私たちの生活の基盤は、農耕社会なのではないかと思いますね。半年とか一年先のことを考え、環境を自分に合わせて耕していくという意味で農耕社会と同じであり、それが基盤になっている。その日の狩猟に集中する狩猟社会の面白さは、だからわれわれの生活からはなくなってしまっているんですね。

服部　僕は横浜の住宅街に住んでいるので、近所の人たちは、企業がつくり出した幸せのイメージのなかにどっぷり浸かって生きてます。すべてそろっているスイッチポンの生活だから、僕が鹿を獲ってくると、「ワイルドだなあ」なんて言って鹿肉を食べたら、また家に帰ってテレビを見る生活（笑）。大工仕事とか家庭菜園とか、何かを自力ですることが生きることなのに、それをほとんどやらずに、家でテレビを見ているというのはどうなんですかね。

関野　仕事で大きなリスクを背負っているから、生活ではリスクを負いたくないというのが現代的考え方なのでしょう。どこで勝負し、どこで〝お客さん〟になるかの違いなのかなあ。

服部　昔は日本の山だけでなく、ヨーロッパ・アルプスやヒマラヤに憧れていて、実際に登りにも行きました。でも、いまはわざわざ登りに行こうとは思わないんですよ。それより自分の生活の中で狩りに行くことのほうが面白い。さっきも言いましたけれど、〝お客さん〟としてどこかへ行くより、地に足をつけて自分の生活の延長で自分の行為を行なわないと、そこにある本質的なものをつかめないし、感じられないいんじゃないかなって思うようになったんです。たとえば、そうですね……「お祭り」ってみんな見に行くし、実際に面白いじゃないですか。でも僕は複数のお祭りを見て回って「お祭り通」になったり、お祭りのすごい写真を撮って報告したりするより、地域の小さなお祭りでいいから自分が御輿《みこし》を担いだほうがお祭りとは何かを体感できて、深いと思うんです。傍観者であることを重ねるより、ひとつでいいから自分で参加することのほうが、本質的なのではないかと思うんですよ。

仕事で本気、プロフェッショナルというのも悪くないですが、サラリーマンなら仕事を辞めたらそれまでです。自分の生活を最低限ちゃんとやったほうがいいのではないかと思います。そうやって、地に足をつけて、日々生きていくことで、自分が自分でよかったって思えるように生きていけるのではないかと。どこかで聞いて、いつの間にかよいと思い込んでいる豊かな生活ではなく、自分という存在そのものに満足する瞬間に向かって生きているほうがいい。

関野　辺境の先住民と比べると、向いている方向が違うよね。彼らは生きていける以上のことはしない。

狩猟民的な自然との関係を取り戻せるか

服部　さっきも言いましたが、僕のそもそもの野望というか欲求は、じつは登山ではなく、自分が感じたことを作品として残したいというものなんですよ。これまでの人生で、ゾクゾクして震えるような芸術作品や仏像にいくつか出会ってきましたが、そんなものを作ってみたい、そんなものを作れる人間になりたいとまでも夢見ています。自然も登山も狩猟も好きですが、それは自分で納得できる作品を作り出せるような人間になるために積んでいる経験だといえなくもない。

そこで関野さんに聞きたいんですが、狩猟採集で生きている人たちには、才能に対する憧れとか、他人や先人との才能の比較といった考えはないんですか。

関野　誰それは狩りがうまい、釣りがうまい、足が速い、力持ちだというのは少しはあるけど、アマゾンの先住民ではそれが競争のようなものには発展しないんですね。彼らの社会は、物を溜め込まないで平等に行き渡るようにする社会です。しかも、獲物を分配する側も、分配される側も、優越感や負い目を感じずにすむように精神的な平等を維持するシステムまでも持っている。物を溜め込み始めると、このシステムは崩れてしまうんです。

アマゾンで一番軽蔑されるのはケチな人間やケチな行為です。だからアマゾンで僕が医者だとわかると、病人を診るのが当たり前になるんです。才能や能力は個人のものではなく、みんなのもの。出し惜しみするやつは嫌われ、アマゾンでは生きていけない。

服部 才能に対する評価が、文化によって違うというのは、ちょっと驚きだなあ。この点における農耕民と狩猟採集民との世界観の違いは、大事なキーポイントのような気がします。才能への憧れみたいなものは人間にとって本能的なものかと思っていましたが、いまの話だと文化的なことになる。われわれが才能を好むのは、将来、溜め込めるぞという期待なんですかね（笑）。

関野 それでいうと、アマゾンの先住民にとっては、その「将来」がないんです、いまをどう生きるかが一番大切なことで、過去はどうでもいいし、未来も心配していない。いまを一生懸命に楽しんでいるのには、僕らはかないませんよ。日本人は、いや文明人は、常に先を計算して行動している。

服部 保険や年金、大好きですからね。医療保険制度なんかないほうがトータルの健康度は高くなるんじゃないかと思うけど。

関野 インドネシアで船を造って航海したとき、一緒に旅したインドネシア人クルーたちは「保険」というものを知らなくて、「何、それ？」って（笑）。何かあったときには必ず仲間や親戚が助けてくれる社会のシステムだから、彼らは将来の病気や死の心配をまったくしていないんです。「君が死んだら、家族にお金が入るんだよ」って言ったら、「本当、すげ〜」って（笑）。

服部 僕も、もし妻に「あなたがいなくなったら困るから、山に登らないで」って言われたら山に行けなくなっちゃうけれど、「保険に入っているから」という言い訳で行けるとしたら、登山できるのは保険のおかげということになるのかもしれないなあ。両親も兄貴も元気だから、死んでもまあなんとかなるだろうってのが、ありますけどね。

関野 開発途上国の大家族は、人とのつながりが完璧なわけですよね。物は溜め込まないけれど、人とのつながりを大切にするしくみ。それがいまの日本ではなくなっていますよね。一日中、人と話さなくても生きていける。日本の生活はどうなっていくのかな。

服部 一昔前のマンガが描いたような未来像、透明のパイプの中をカプセルのような車が浮かんだまま進んでいく、すべての生命体が平和で仲よく、という世界は絶対にあり得ないと思う。生きるということはそういうことではないからです。死や流血からは決して逃れられません。毎日どのくらいの豚が屠畜場で食肉にされているか知ってますか。五万頭弱ですよ。一日に五万頭弱で、年間には千六百万頭です。農林水産省のホームページですぐにわかります。牛は桁がひとつ少ない。その豚や牛だけでなく、魚、鳥、虫、植物だって生命体です。

何を言いたいかというと、命は命を食べて、代謝と繁殖を繰り返しながら、存続しているってことです。そこからは逃れられない。そこから目をそらすのではなく、弱肉強食を当たり前として内側に取り込んでおかないと。

関野 生物には天敵がいて、それが必要なのはたしかですね。たとえばレミング（タビネズミ）は、オオカミとかキツネがいなければ自分たちは食べられないからいいと思っているでしょう。しかし、もし天敵がいなくなったらレミングが大繁殖して、エサを食べ尽くしてしまい、結局絶滅してしまいますよね。

でも、ヒトを含めた生物界が、すべて弱肉強食かというとそうでもないし、それでいいとは思いません。私の知っているコロンビアの森では七種類のサルがすみ分けています。大型のウーリーモンキーとクモザルは樹冠付近でフルーツを食べています。中型のホエザルは葉っぱだけを食べ、フサオマキザルは昆虫、カエルなどを食べ、大型のサルが食べられなくなった熟しすぎて硬くなったフルーツを竹の上に置いて石で叩き割って食べていました。ヨザルはほかのサルが寝ている夜にエサを食べます。そして小型のリスザルとテティは二次林で活動していました。強いものだけが残るなら、一種類だけになるんですが、競争しないで、弱いものでも生きられるようになっているんですね。

服部 ただ、ここで一般的に抱かれている誤ったイメージを正しておくと、「強食」の「強」

というのは、腕力という意味ではないんですよね。たとえば夜目が利くというのは環境を選べば有利な能力ですし、小さくて弱いことが有利な場面もあります。

それと、エサを食べ尽くすということでは、日本ではいま、増えすぎた鹿が山の植生を壊すのが問題になっていて、有害獣ということで駆除されていますが、山の植生どころか、地球規模で自然環境を破壊している哺乳類をわれわれは知っています。それは駆除しないでいいのかな（笑）。

関野　たしかにそうなんですけれど、いま考えているのは人類の生き残り戦略ですからね。それでは自分たちの全否定になってしまう。駆除となると、工業化社会に生きるわれわれは環境に負荷をかけているから駆除対象ですか（笑）。でも地球にはアマゾンの先住民のように生物資源だけを利用していて、自然の一部となって暮らしている人類もまだいるわけだから、彼らは駆除の対象外ですね。しかし実際には駆除されるべきわれわれが人口を増やし、駆除対象外の人々が生きる場所や文化を失いつつある。

服部　自然環境を守るという大義名分さえ、人間の都合の内側の話なんだということを意識しなくては無邪気すぎますよね。

関野　厳しい自然にひどい目にあいながらも、結局は自然の恵みによって生かされているのが私たち人間です。自然がなければ私たちはとうてい生きられないのだから、今日はその自然を壊さないようにするにはどうするか、自然とどうつき合っていったらいいかを話そうとしているので、結論として自分たちに銃を向けられるのはつらいですね（笑）。自然を痛めつけ、自然を怖れ、感謝しなくなったのはたしかなのですけどね。

服部　人口が多すぎるのがすべての問題の根本で、そこを解決しないでうまくバランスだけとろうとするのは難しい。でもその難しい問題を最低でも悪化させないで、次世代に受け渡すくらいの責任は持ちたい。僕らの時代は、過去の努力と未来の苦労をすべて快楽にして享受し、どんちゃん騒ぎしている時代なのかもしれない。

僕の未来の理想像は、このまま徐々に人口を減らしていき、うまくバランスがとれるところで、ぼちぼちやっていくというものです。日本の国土なら人口は五千万人くらいがいいという分析もあります。人口をうまく減らす前に、ハイパーウィルスの爆発感染で大打撃ってほうが、可能性の高いシナリオかもしれません。どちらにせよ、数百年、数千年後に人類がまだ生き残っていて、僕が望むような成熟した世界になっていたら、この二十一世紀前後のわれわれの時代を振り返ったときに顔をしかめるでしょうね。

関野　たとえ未来から見て非難ごうごうでも、人類が生き残っていることを望みたいね。

服部　わが家がロハス的な行為としてやっていることのなかで、一番環境に貢献していると感じるのは、生ゴミを庭に捨ててることなんじゃないかな。湿った生ゴミをガソリンかけて焼却施設で燃やすのはかなり馬鹿らしい行為ですよね。庭に埋めれば、肥料になったり、カブトムシの幼虫のエサになったりしますし。ミカンの皮とかちょっとした生ゴミは庭に投げちゃうんですが、それだけで開放感があって幸せですよね。薪拾いや家庭菜園、大工仕事もそうですけれど、生きることそのものを自分でちゃんとすること。自分のできることはできるだけ自分でする。食べるものは自分で獲る、作る。家も建てる、管理する……というのが楽しいと思うんです。生きる意味をもう一回考えてみると、生活の雑事を自分ですることにたどり着く。

関野　ソ連崩壊後のキューバの例が面白いですね。それまでソ連から食料や農薬、化学肥料の援助を受けてきたけれど、ロシアになってストップしてしまった。そのときキューバでは、建物の屋上や壁、空地、すべてを利用して有機農業で畑にしてしまいました。もちろん自給には届かないけれど、かなりの成果が挙がったそうですよ。われわれの生活も昭和三十年くらいのレベルに戻し、八百屋が新聞紙に野菜包んでいた時代に戻したら、かなり環境にはいいといわれていますが、そのあたりが現実的な目標なのかもしれない。

服部　ビジネスやグローバル経済という思想そのものが、農耕民族的な発想を基盤にしているという関野さんの指摘は今回初めて耳にしましたが、正しい指摘だと思うし、考えさせられます。僕自身も農耕民族的な考え方に侵された世界観で世の中を眺めている部分があったというのも発見でした。自然とのほどよいバランスを取り戻すために、狩猟民族的な考え方のいい面を取り入れていければ……という関野さんの考え方にも賛成です。ただ、具体的な方法は思い浮かびませんね。みんなが狩りをしたらいいのかな。でも僕の獲物が減るのはどうも……、あ、これも農耕民族的だ（笑）。

関野　答えは出なくていいんです。これを読んでくださる方それぞれが、それぞれに感じて、考えていただくとしましょう（笑）。

（構成・吉田　正）

エピローグ

関野吉晴

船戸与一さんとの対談は四時間半に及んだ。お伺いしたいことがたくさんあったことも原因だが、私の話の進め方のまずさが、時間をどんどん長引かせてしまった。

体調を考えながら『満州国演義』全九巻を書き上げなければならない船戸さんに、対談の話を持ちかけるのは勇気が必要だった。その三週間前に、毎年出版社の編集者やジャーナリスト、作家らが船戸さんを囲んで開く忘年会があり、たちの悪い悪性腫瘍と戦っているとは思えないほどお元気だったので、その場でお願いをした。

船戸さんは早稲田大学探検部のOBで、西木正明さんらとともに凍ったベーリング海峡を渡るための先遣隊員として、アラスカ最西部で越冬したことがある。私は探検の世界の後輩であると同時に船戸作品のファンでもあるし、以前にも何度か対談をしたことがある。一時間半、長くても二時間と思っていたのだが、進行のまずさで三時間たっても聞ききれず、じりじりと時間が過ぎていった。

会話のなかで、私の琴線に触れる言葉がたくさん出てきた。なかでも「闇」と「物語」について、とくにIT社会と闇の関係の話に私は惹きつけられた。

私は、文明圏にいる人間が月の明るさのまばゆさも漆黒の闇も知らないと感じていた。逆に人工的な灯りがないところで、いかに月のあかりが明るいかを実感していた。新月の前後、空が雲で覆われていると、手の指の先が見えない漆黒の闇になる。逆に満月の前後には本も楽々読めるし、旅もできる。決して誇張して言っているわけではない。

*

船戸さんは「闇」について、こう語っている。

「現代は『暗闇』というものが地上から失われていく時代だし、その状況はこれからもっと進むだろう。加えてITが社会からも『闇』なるものを奪っていく。しかしね、これまでの人間の歴史を考えてみると、夜の闇こそが『恐れ』といった感覚とともに人間の想像力を生み、思想を鍛え、人の心をつなぎ、謀議も進ませ、状況を動かす母胎となってきたとも言えるわけだ。人間の知恵というか、人類の英知の発生のそもそもは、夜の闇の存在と、そこへの恐れとそこからの希望を抜きにしては語れないし、その闇に鍛えられた思想や権謀術数だからこそ、明るみに出たときに、強く時代を動かす力になったと言ってもいい。その暗闇がない時代になって、いったい人間はどうなるのか。政治はどうなるのか。文化はどうなるのか。ITがどうこうというより、闇の力を失うことが人間の想像力も創造力も奪っていくことになるんじゃないのかな。まずは闇というものがないと『物語』は紡げなくなる」

谷崎潤一郎も、名著『陰翳礼讃』のなかで、日本人の美意識とは「陰」や「ほの暗さ」を条件に入れて発達してきたものであり、明るさよりもかげりを、光よりも闇との調和をもっとも重視してきたものであると分析しているが、船戸さんの話にはそれと通じるものを感じた。

船戸さんはさらに、われわれは「人間の物語」が消えていく歴史の中にいる、ともいう。しかし、それでも私たちは未来の物語を紡いでいかなければならないのだ。子や孫の世代には、現代という試練を乗り越えながらも、なんとか物語を継いでいってほしい。船戸さんの話にうなずきながらも、そう願わずにはいられなかった。

＊

四十億年近く前に生まれた生命は、ほとんどの種が滅んでしまうかもしれない「絶滅期」を、どうにか生き延びてきた。

井田茂さんも語っているように、海も含めてすべてが凍り付いた「全地球凍結」という危機の時代をも乗り越えて、一部の生命が生き残り、危機を通り過ぎると、他の大きな絶滅期後と同様に、爆発的に種を増やし、繁栄していった。

地球の歴史そのものが、壮大な物語なのである。

それと同時に、類人猿の共通の先祖から猿人が生まれ、ホモハビルス、原人、旧人、ホモサピエンスと続いてきたわれわれの祖先たちの個々の一生も、何ものにも代えられない固有のものだった。そのひとつのリンクが欠けただけでも、われわれはいま、ここには存在していない。これは人類だけの話ではない。三千万種といわれる現在地球に住むありとあらゆる生き物は、この壮大な物語に参加しているのだと思う。

人類の壮大な旅と、他の動物に例をみない多様な自然環境への適応は、私たち人類の祖先が紡ぎ上げた特異な物語だった。この大きな歴史の物語の偉大さは、私たちの祖先ひとりひとりの生涯が積み重なった結果として成り立っている。そのひとつが欠けただけでも、人類の歴史の一部は消え去り、私たちはここには存在しないのかもしれない。

私たちは一生をかけて、家族や隣人、友人たちとともに個人の物語を紡いでいく。それは私たち自身が人生の主人公として、自分の人生を組み立てていくことだ。個人個人の物語が複雑に絡み合って人類の物語になる。

先の見えない現代にあって、個人の物語を紡いでいくときに参考になるのは、祖先たちによる壮大な旅と自然環境への適応という過去の偉大な物語と、このいまも同時代を同じ地球上で自然とともに生きている人たちの物語だと思う。グローバリゼーションによって世界の文化の均一化が進むなか、伝統文化を守っている彼らの生き方は、何物にも代え難い価値を持つ。彼らの民話や神話を見ると、必ずその民族が世界をどのようにとらえているのかが分かる物語となっている。多様な世界を理解する道標になっている。

個人の閉塞状況や、文明そのものの行き詰まりを脱するヒント――。それが、いまは世界の片隅の狭い場所に押し込められている人々の、自然とともに生きる生活のなかにあると、私は強く思っているのだ。彼らの声に少しでも耳を傾ければ、必ずや新たな発見があるだろう。

＊

環境汚染、人口爆発、エネルギー資源の枯渇、食糧の問題、不平等や格差、グローバリゼーションによる弊害……。さまざまな問題が、いま、私たちの前には大きく立ちはだかっている。

二〇一一年三月十一日の東日本大震災と原発事故以降、私たちはさまざまな反省を胸に新たな道を歩み直すはずだった。一から新しい物語を紡ぎ始めるはずだった。

ところが残念なことに、二年経ってまた世の中は、以前と同じような惰性の物語に戻ろうとしているようにみえる。福島の原発事故が実際には収束していないのに、核廃棄物も処理されないままなのに、二基の原発が稼働を再開している。被災地の復興は遅々として進まず、復興予算は東京に吸い取られている。

貧しい人たちと富める者の格差は、国内だけではなく国と国の間でも大きくなり、固定化しているようにも見える。汗をかき、日々コツコツと、モノを作ったり売ったりしている多くの人たち。本来報われるべきその人々が、正当に扱われる世界に向かっていないのはなぜだろうか。汗をかくこともなく、モノを作るわけでもなく、キーボードで架空のお金を操作して大儲けしている者たちや、武器を大量に売って戦火の拡大にほくそえんでいる者たちが、甘い汁を吸い続けている世界は異常だ。

私たちはこのような世界を改善して、生き延びていく物語を作っていかなければならない。

＊

本書に登場した九人の賢者たち、とくに私より年上の賢者は、自らが高度経済成長の良き時代を生きたことから、現在の若者たちに同情的だった。とかくありがちな「いまの若者たちは……」という非難は誰からもなく、むしろ未来の物語を紡ぐ若者たちに、その物語に期待を持っていた。

日本の若者たちはいま、大量生産、大量消費の世の中で、消費することが人を幸福にするという価値観からは離れていく傾向にある。「車も欲しくないし、とりたててこれ以上必要なものはない」という傾向だ。ヨーロッパでも同じ意識の変化が見られるという。ただ、世界にはインドや中国のように、いま現在、大量消費社会を謳歌している国があり、これから謳歌することになる国々もある。それでも、こうした国々も成熟していけば、同じような考え方の変化が現れるだろうと、賢者たちは読んでいた。

文明は崩壊するものだから、放っておけばいいとペシミズムを語る人もいなかった。池内了さんは、火星移住計画や臓器移植、ｉＰＳ細胞の活用には否定的だが、決して反科学ではなく、研究開発の対象を、自然エネルギーやリサイクル、リユース、廃棄物の利用、低エネルギーで動く機械などに向けていけば、まだまだ人類は生き延びられるとおっしゃっていた。

私自身の未来の物語を作っていくうえで、今回の対談は多大なヒントを与えてくれた。対談を始める前、世界の現状を見るにつけ悲観的な色を濃くしていた「私が紡ぐ物語」に、少し光明を見たような気がする。九人の賢者たちに感謝したい。

二〇一三年三月

本書に収めた対談はすべて単行本化を目的に行われたが、以下の三氏との対談のみは、その一部を月刊『望星』に掲載した。山極寿一（二〇一二年十月号）、藤原新也（二〇一三年五月号）、山折哲雄（同）。

【著者プロフィール】

関野吉晴(せきの・よしはる)

探検家、医師、武蔵野美術大学教授(文化人類学)
1949年東京都生まれ。一橋大学法学部、横浜市立大学医学部卒業。一橋大在学中に探検部を創設し、アマゾン全流を下ったのを皮切りに、約20年間南米各地に遺跡や先住民を訪ねる旅を続ける。その間に医師となり病院勤務も続けるが、1993年からは人類がアフリカから南米南端にまで広がった道のりを逆ルートでたどる「グレートジャーニー」をスタートさせ、2002年にタンザニアのラエトリにゴールした。2004年から「グレートジャーニー　日本列島にやってきた人々」を始め、2011年6月にインドネシアからの「海のグレートジャーニー」を終えて沖縄・石垣島に到達した。1999年、植村直己冒険賞受賞。著書に『我々は何処から来たのか——グレートジャーニー全記録』などがある。

人類滅亡を避ける道　関野吉晴対論集

2013年4月8日　第1刷発行

著　者 ———— 関野吉晴
編　集 ———— 月刊『望星』編集部
発行者 ———— 原田邦彦
発行所 ———— 東海教育研究所
〒160-0023 東京都新宿区西新宿 7-4-3 升本ビル
電話 03-3227-3700　FAX 03-3227-3701
発売所 ———— 東海大学出版会
〒257-0003 神奈川県秦野市南矢名 3-10-35 東海大学同窓会館内
電話 0463-79-3921
組版所 ———— ポンプワークショップ (鹿嶋貴彦)
印刷所 ———— 株式会社シナノパブリッシングプレス

月刊『望星』ホームページ —— http://www.tokaiedu.co.jp/bosei/
Printed in Japan ISBN978-4-486-03748-4 C0036
定価はカバーに表示してあります。

関野吉晴対談集

グレートジャーニー 1993~2007

関野吉晴 著　A5 判　272 頁　定価 2,400 円 + 税

ISBN　978-4-486-03194-9

「人間とは、自然とは何か。人間の欲望はどこへ向かうのか……」そんな疑問を抱いて続けた旅の間に、作家や学者らと交わした深い対話。この一冊で関野の世界が見えてくる。船戸与一、中村桂子、西木正明、萱野茂、河合雅雄、赤坂憲雄、島田雅彦、椎名誠ら 25 人と語る。

反欲望の時代へ

大震災の惨禍を越えて

山折哲雄×赤坂憲雄 著　四六判　304 頁　定価 1,900 円 + 税

ISBN　978-4-486-03720-0

地震と津波、そして原発……。災厄の日々から、来るべき時代はどう展望出来るのか。深く広い対話に第二部として寺田寅彦、宮沢賢治らの作品を加えた「歩み直し」のための必読書！

「幻の街道」をゆく

人々の幻影を求め歩く歴史紀行

七尾和晃 著　四六判 並製 200 頁　定価 1,600 円 + 税

ISBN　978-4-486-03744-6

正史からは見えない、日本人が忘れた道、隠された道。
たどれば、もうひとつの日本が見える。

愛しの昭和の計算道具

現役大学教授が昭和を駆け抜けた計算道具を熱く語る!!

ドクターアキヤマ 著　四六判　200 頁　定価 1,400 円 + 税

ISBN　978-4-486-03747-7

今では考えられないことが、昭和では“常識”だった。手回し計算器、算盤、計算尺、そして電卓…。個性あふれる品々を 80 点以上のコレクション写真とともに紹介。不思議な昭和の計算道具の世界へ、アナタも足を踏み入れてみませんか。どっぷりとはまり込んで抜け出せなくなること、間違いナシ。